U0131657

婚内孤独

赵中 ◎ 著

青岛出版集团一青岛出版社

图书在版编目（CIP）数据

婚内孤独 / 赵中著. — 青岛：青岛出版社, 2024.6
ISBN 978-7-5736-2279-2

Ⅰ.①婚… Ⅱ.①赵… Ⅲ.①婚姻 – 通俗读物 Ⅳ.
①C913.13–49

中国国家版本馆CIP数据核字（2024）第088116号

HUNNEI GUDU

书　　名	婚内孤独	
著　　者	赵　中	
出版发行	青岛出版社	
社　　址	青岛市崂山区海尔路182号（266061）	
本社网址	http://www.qdpub.com	
邮购电话	0532–68068091	
责任编辑	袁　贞	
特约编辑	逄　旭	
封面设计	刘　帅	
制　　版	青岛乐喜力科技发展有限公司	
印　　刷	青岛海蓝印刷有限责任公司	
出版日期	2024年6月第1版　2024年6月第1次印刷	
开　　本	32开（890 mm × 1240 mm）	
印　　张	6	
字　　数	120千字	
书　　号	978–7–5736–2279–2	
定　　价	48.00元	

编校印装质量、盗版监督服务电话　4006532017　　0532–68068050

序

婚姻中孤独的色彩

在十几年的职业生涯中，我听过许许多多的婚姻故事。在我的咨询室内，这些故事总是充满了矛盾和冲突，它们并不像电影剧情一样动人心魄。但是，当它们在日常生活中上演时，是极具破坏性的。托尔斯泰曾在小说中这样写道：幸福的家庭家家相似，不幸的家庭各各不同。而我的工作就是帮助那些有着不同困难的家庭努力走向幸福。

我相信每一对新婚夫妻都会畅想自己的婚姻生活，希望未来的每一天都像新婚第一天那样喜庆美好。遗憾的是，时间是一把杀猪刀，夺走了我们的容颜，也夺走了我们美好的想象，生活中的琐碎事会让本就不同的两个人深刻体验到婚姻带来的孤独感、无力感……我们无法融为一体，我们无法真的心有灵犀。当然，我在工作中也会接触那些生活甜蜜的夫妻，我发现他们和那些不幸福的夫妻其实是一样的，他们的性格、经历、爱好都不同，有的方面甚至天差地别；他们也会为了金钱、工作、孩子，甚至家里的宠物争吵不休；他们也会觉得孤独、无力，甚至想要放弃婚姻。但最终他们都挺了过来。

经营婚姻是不容易的，两个没有血缘关系的人需要建立最亲密的关系，他们负担着同一份责任、养育着共同的孩子、每天同床共枕，他们必须彼此依赖、信任。但是，这又谈何容易，我们并不是每次都能在婚姻中得到支持、受到关注，也并不是每次对方都能和我们同心协力去处理各种问题。我们相处得越久、越紧密，就越有可能体会到这种孤独。

在研究和分析了那些幸福的婚姻后，我对经营婚姻有了一些新的体会：首先是坚持，坚持爱对方，坚持爱自己，坚持将彼此的关系放在核心的位置上。其次是忍受，用心理学中的一个词来描述更贴切：涵容。涵容彼此的悲观情绪，涵容那些愤怒和失望。最后是反省，永远保持清醒的头脑，理解对方和自己的共同之处，也理解对方和自己的不同。维系婚姻可能是艰难的，但同时婚姻也让我们拥有那些幸福的片刻。对婚姻的想象可能会破碎，但婚姻中的美好记忆也会长久保存。在两个人的世界中，享受一个人的孤独，也许这才是婚姻吧。

目录
contents

第一章　什么是孤独

一天深夜，我接到一个语音电话，是一位多年不联系的同学打来的，一开始我们寒暄了几句，但作为一名咨询师，我的敏锐直觉让我意识到，没有一个深夜电话只是为了寒暄而已。

我问他怎么了，他说自己整夜失眠，他正在为自己孩子的学业担忧，但不知向何人诉说，他的妻子和他的理念不同，简单说几句就会吵起来。他喝了一点酒，打电话过来的目的很明确，就是希望我能去和他的妻子谈一谈孩子的问题。

我清楚应该去跟他妻子好好聊聊的人是他自己，但我能做的只是倾听、安慰和建议。我听得出他对现状的不满、对沟通的恐惧、对生活的失望，还有挂电话时的无奈。我想如果我不是一个咨询师，也许会好受些，然而这个职业让我知道这种孤独的难捱。

"明明是两个人的生活，为什么我感觉不到另一半的存在？为什么我要独自面对一切？"

听完这个故事，也许你会有同感，如果你正处在一段亲密关系中，孤独的感觉总是伴随着你，那就让我们一起来好好认识一下这种孤独感。我不想把孤独感说得神乎其神，但我们每个人都是孤独的，不是吗？

一、无法回避的孤独感

在这里我必须要说出一个残忍的真相：我们也许无法回避时不时出现的孤独感。

我们人类是一种群居动物。很多哺乳动物的幼崽一出生就会行走，几个月后就能猎食，但人类幼崽出生时还是"半成品"。我们呱呱坠地，不会行走，甚至不会爬行，我们的视神经还没有发育成熟，眼前的整个世界都是模糊的，唯一向外界传递信息的能力就是哭。这是多么弱小的存在呀！

一两年后，我们才能独立行走、奔跑，但是仍然无法独自在自然界中生存。我们的出生伴随着风险，我们的成长伴

随着危险，这也许就造成了原始的恐惧，我们必须依靠他人才能活下来。

从远古时期到现代社会，人类一直在不断突破自己，不断进化，取得了巨大的科技进步，人类的生存环境也得到了极大改善。在这个过程中，人类很多成就的取得，依靠的是群体的智慧和力量。

亮是个事业有成的中年男性，他唯一让人抓狂的地方在于总是炫耀自己毕业于某个名牌大学。起初大家都对他这样的高调不以为意，直到有一次，他向友人表露心声："我不喜欢一个人，我也没有办法一个人面对这么多人，我需要别人在我身边，这样让我觉得我有力量。你知道我为什么总要说我是 XX 大学毕业的吗？因为这样我就觉得自己不是一个人，让我觉得我很强大，我感觉身边有人了。""那你怎么不说你在 XX 单位上班啊？你单位不也不错吗？""大学人多啊，往大了说不好吗？再说 XX 大学名气也大，说出去更有底气。"

一个人太弱小了，一个人太孤独了。我们总希望自己隶属于一个组织，或者一个族群，并且希望那个组织或者族群是强大的。仿佛这样我们自己就不再弱小，我们的内心也有了寄托。心理学中有一个自我保护机制叫作反向形成，用在这里就是人越是弱小，越想表现得强大，越是自卑，越容易表现得自大。人类对抗孤独的方式就像是一种群体的反向形成，我们必须抱成团，像钢铁长城一样强大，这样才能掩饰个体的弱小和无助。我们必须互相联结、心意相通，才能抵抗内心那原始的孤独。

大多数人是单独来到这个世界上的。从受精卵开始，我们便是孤独的存在，我们独自一人在母亲的身体内，唯一的依靠就是母亲，我们能听见她的心跳，甚至能感觉到她的情绪。我们没有伙伴，因为从一开始，他们已经被我们扼杀在精子"赛跑"的赛道上了。母亲的体内没有光，那里一片漆黑。我们独自一人从黑暗的世界中走来，出生的过程伴随着产道的挤压或是手术的风险。

等来到这个世界之后，我们会慢慢发现，我们诞生的那一刻正是与母亲"解体"的时刻，脐带消失了，我们成了独立的个体。

在刚来到这个世界的前几年，如果足够幸运的话，我们会被成年人善待。在我们需要他们的大部分时间里，他们都会及时地出现，孤独的感觉也许只在我们经历分离的挫折和深夜入眠时才会变得明显。

亮大概是六岁时才拥有自己的房间，在那之前他都和父母睡在一个房间。他清晰地记得搬进新家时的感受，一开始是兴奋的，这是他人生中第一次拥有属于自己的空间。但是，随着夜幕降临，时针嘀嗒地走向睡觉的时间，兴奋被恐惧替代，他吵着要和父母同住，就和六年来的每晚一样。他的父母拒绝了他，也安抚了他。他害怕一个人时候的黑暗，他总觉得那片黑暗里有危险，虽然那片黑暗只有不到十平方米。这种恐惧让他第一次无法入睡，他冲进父母的房间，把他们吓了一跳。他们仍然拒绝了亮同屋而眠的请求，但是他们答应亮可以开着自己房间的灯睡觉。这样的情况持续了数年。他依稀记得，直到十一岁时，他仍然会在半夜被噩梦惊醒，接着跑进父母的房间，蜷缩在他们中间入睡。

我们害怕黑暗，因为那是我们来的地方，在那里我们是一个人，我们害怕一个人，没有人为我们承担生活的补给，没有人保护我们的安全，我们是孤独的，我们的存在是脆弱的。这种解释人类恐惧黑暗的观点和存在主义的某些观点不谋而合。这样的观点将孤独、出生、存在和死亡都联系到了一起，特别是孤独和存在之间的联系。可以说，存在的体验本身就是孤独的，因为这种体验唯一能够确认的就是我们自身的存在。我们能够确认自己的身体、思想、语言，即便是那些外在的刺激，也是通过我们大脑的一系列工作而变得看起来真实。而我们的大脑其实是会骗人的。

心理学中有这么一个实验，一个人在马路上向另一个人问路时，两个人抬着一块木板从问路者和指路者中间走过，这个时候指路者的视野正好被遮挡了起来。问路者迅速和一个同样穿着的抬木板的人交换位置，原先的问路者抬着木板走了，而原先抬木板的那个同样穿着的人留下来继续问路，指路者并没有发现问路的人已经不是原来那位了。我们只会相信我们愿意相信的，因为我们只会看到我们眼睛能看到的，也只会听到耳朵能听到的。我们的心智像一面镜子，镜映着客观世界。顺便提一句，有研究发现，人们通常会对镜子中自己的相貌做出比他人更高的评价。从某种意义上讲，我们看到的世界其实是一种主观的体验，而我们内心只有这么一个孤独的自己。

这样的我们是多么需要被生活善待啊！不幸的是，生活并不容易，我们总会面对逆境，也会迷失自己，当我们的努力没有得到回报，当我们的付出没有得到回应时，我们总会被巨网般的无价值感笼罩，感受不到任何的温暖，特别是他

人的温暖，即便和其他人在一起时，我们也总会怀疑自己是否是真实的存在，是否还是一个完整的人，这种无助感也让我们体验到了孤独。

　　亮长大后为了学业出了国，他住进了宿舍，这是他第一次一个人居住。宿舍里有一间共用的厨房，而厨房的排气扇正对着亮房间的小窗。他的邻居总喜欢在厨房里做菜，闻起来像是某种重口味的食物，时常把他呛得不行。虽然亮心里有些不满，但是总的来说他的生活并没有受到太大影响，久而久之仿佛也习惯了。一天中午，又是熟悉的味道，只是这一次警铃大作，亮依稀看到厨房里浓烟滚滚，他害怕极了，不知所措，下意识地躲在书桌底下，转念一想，又夺门而出。他一路跑出宿舍，站在楼前的空旷处一阵阵后怕："这是怎么了？我刚刚为什么要躲起来？我是差点死了吗？这是在哪里？我好害怕。我想回家！"消防车不久就到达了现场，消防员核实了情况。原来，是邻居做菜的油烟太大，触发了烟雾报警器，并没有任何物品着火，可谓虚惊一场。亮却害怕极了，他从没感觉自己这么无助和弱小，这么失措和惊慌，这天发生的一切仿佛都是噩梦。他想要有人在他身边，能在警铃响起时拉着他往外跑，而不是他独自一人躲起来。他想回家，想要回到妈妈的怀抱里，贴着妈妈，听着妈妈的心跳。

孤独感会一直伴随着我们，不会因为我们长大了就消失不见，它时不时在午夜敲打我们看似坚强的心房，仿佛在提醒我们，没有人可以永远陪着我们，我们终归要学会与自己和平共处。

二、因为孤独而亲密

心理学历史上有一个著名的感觉剥夺实验，在这个实验中，参与者和外界的所有刺激高度绝缘，他们的四肢缠着厚厚的海绵，眼睛被遮住，耳朵被堵住。他们被关在一个密闭的环境内，除了空气，那里什么都没有。在整个实验中，受试者"失去"了视觉、触觉、嗅觉和听觉，真正落入寂静无他的环境中。受试者能感受到的，除了口水下咽的声音，恐怕也只有自己脑海中的想法了。实验开始后没几天，部分受试者就出现了非常明显的心理和生理上的失调。这是一个将

人置于极端孤独环境中的实验，受试者会感到无力、绝望、恐惧。

孤独本身就是让人惧怕的，对人们来说是一种煎熬。人类为了对抗这种孤独感必须做些什么，这就意味着，我们要和别人形成某种关系才行。

精神分析师玛格丽特·玛勒曾提出过一个颇有影响力的理论，叫"分离－个体化"。在她的理论中，婴幼儿需要经过正常的自闭、正常的共生、分离－个体化三个阶段才能形成独立的自我意识。出生后的第一个月，新生儿大部分时间都在睡觉，玛勒把这个阶段叫作自闭期。处于这种状态的新生儿无法感知外部世界，包括母亲的笑容、父亲的拥抱，以及祖父母在他们耳边哼唱的摇篮曲。这时的他们沉浸在自己的世界中，似乎不需要和外界有任何的沟通。

出生后第 2 ~ 5 个月，婴儿与母亲之间建立了联结，但仍不能区分"我"与"非我"，这个时期被称为"共生期"。如果处于这个阶段的婴儿与母亲之间的联结比较紧密，母亲能够及时满足婴儿的需求，那么后期分离的过程就会相对比较顺利。

玛勒的观点是一个关于分离的观点，为什么我们却认为她的观点始终都在讨论亲密关系的重要性呢？这是因为，正是这种内化了的亲密感，才能让人放心地与另一个人分离。后来，有人延伸了玛勒的观点，他们认为青春期叛逆和中年危机是另外两种不同形式的分离 – 个体化，前者是与自己的原生家庭分离，后者是与自己组建的家庭分离。但是无论如何，一个害怕分离的人是不可能完成分离的。

亮在高中时遇见了自己的"白月光"，那是一个美好的学期。他每天早上都会提前到公交车站等着，生怕来晚了对方已经坐车走了。公交车来了又走，走了又来，亮都会等在那里，直到她出现。在浪漫的清晨与她相遇，对亮来说是一天中最棒的事情，他觉得人生从来没有这么幸福过。女孩也明白他的心意，他们很快就在一起了。这在当时是不被允许的早恋行为。虽然他们已经尽量低调，但还是没有躲过双方班主任敏锐的目光，之后一系列"棒打鸳鸯"的事就陆续发生了。他们的秘密约会持续了一段时间，直到亮的母亲在家中对着亮痛哭流涕。亮始终不能理解母亲为什么要这样。在他的记忆中，母亲的声嘶力竭让他感到恐惧。成年后的亮叙述了这段经历，他说他害怕母亲的崩溃，因为看到这一幕的他感觉自己也在崩溃的边缘，母亲的绝望就是他的绝望；他更

害怕因为女孩而失去母亲的爱。他最终选择了妥协，人生的第一次抗争失败了。

其实，我们终其一生都需要和分离博弈，人生的每一次遇见都预示着一场分离，我们会离开自己的母亲、离开自己的家、离开自己的同学和朋友，如果没有一个已经被内化而稳定的亲密关系，这一切的分离都不会顺利。亮无法离开自己的原生家庭，也许他也从来没有真正离开过自己的母亲。而他的母亲也不允许亮有自己的感情世界，拥抱属于他的自由。

能够对抗孤独的往往是真正的亲密，一种被牢牢内化的亲密。认知心理学中有一个叫作表征的概念，我想在这里借用一下。我们假设表征是一个我们内心实际的存在，在我们内心已经框定了所有人的大概模样。我们现在要做的就是把每一个现实中认识的人，特别是那些重要的人，像捏橡皮泥一样，按照他们在我们心里的样子捏出每一个人的形状。有些表征的样子是亲密的、可信的、可靠的，有些则是疏远的、若即若离的、看不清的。当我们内心的表征是前者的时候，我们"捏制"出的那些人都是清晰的。而当我们内心的表征都是后者的时候，我们似乎"捏制"出的是一片模糊和混沌。

为了不孤独，我们总是寻寻觅觅，希望能修炼出一套本领，在一次次的尝试中塑造那个积极的表征。精神分析师温尼科特写过一篇文章，叫《独处的能力》，在这篇文章中他提出了一个观点，即拥有独处能力的基础是有在某人陪伴下独处的经验。拥有独处的能力往往是一个人心智成熟的重要标志之一。温尼科特将拥有陪伴能力的人定义为母亲，而我更愿意称之为像母亲一样的心理表征。

夫妻关系往往是所有关系中最亲密的。柏拉图在《会饮篇》中对婚姻作了一种隐喻。他是这样描写人类的，从前人类的性别有三种，男人、女人，以及阴阳人，并且人类的外形像圆团儿，器官都是双份儿的。也就是说，那时的人类有四只手、四条腿、两张脸。男人是太阳生出来的，女人是大地生出来的，而阴阳人由月亮生出来，他们同时具备了太阳和大地的性格。那时的人类力量很强大，而且很自大，他们向神发起了进攻。为了在不灭绝人类的前提下削弱人类的力量，神把人类一分为二，这样，侍奉神的人加倍了，同时人类又没有反抗神的力量了。被一劈两半的人，这一半思念那一半，从此就在人海中寻觅他们的另一半，想要恢复原来完整的状态，医好从前被迫分开的伤痛。男女的结合能够给予彼此力量，也能弥合属于彼此的创伤。而这种创伤就是一次

次分离后的孤独。

好，让我简单地总结一下，孤独和我们息息相关，当我们感觉无力、脆弱，独自承受苦难时，孤独的感觉会愈加强烈；而当我们感觉被关心、被安慰、能分享、有依靠，甚至能协作时，孤独的感受就会缓解。只是，孤独伴随着我们生命的开始，也是我们生命结束时必须面对的。亲密关系只是"止痛药"，并不能根除孤独。所以，我们必须找到与孤独和平共处的方式。

我曾听一位老师说过这么一句话，她说"成功的人都是孤独的"。我换一种说法，能与孤独和解的人才有机会真正成功。终极的孤独就在那里，那是一种心灵上的客观存在。我们可能每天都在面对孤独、品味孤独。有些人会被孤独击垮，一蹶不振，因为孤独让他们感到无力和绝望。而另一些人则将孤独看成一种动力、一种坚持。我在大学工作，最常听到的话就是"要做好科研就要甘心坐冷板凳"。在没有赞赏、没有鼓励、没有认可的处境下还能坚持自己的初心，这就是一种与孤独和解的能力。在人类社会发展的历史长河中，不仅科学家如此，还有文学家、政治家、哲学家……他们都在孤独的境地中创造出了人类的瑰宝。人有两种不同的倾向，一种是与他人联结、融合的倾向；另一种则是向往独立、自由的倾向。这两种倾向中，前者是为了抵抗孤独，而后者则是为了享受孤独。与孤独和解则是我们在心理上，甚至是生活上，和人形成了关系、建立了联结，也在心灵上保持了独立和自主。这就是与孤独和解的状态。

长久以来，我们都认为画家凡·高拥有悲剧的一生，他割去了自己的耳朵，与妓女厮混，他的画作在他生前并没有被大众认可，有传言说凡·高的最大死因与其经济困顿有关。表面上看，凡·高伟大、富有创造力的作品似乎与他孤独寂寥的生活有关，其实不然。凡·高在巴黎初遇高更，他们短暂的相处换来的是艺术上持久的共鸣。凡·高被颇有个性的画家高更吸引。随着他们交流的增多，凡·高的画风也开始受到高更的影响，他的画作中有越来越多明亮色彩的加入。后来，凡·高搬到了法国南部小镇阿尔勒，并在那里期待高更的到来。为了迎接这位与他惺惺相惜的好友，凡·高在一个月内连画了四幅向日葵来点缀自己的房间。很多心理学家认为明黄色的向日葵是凡·高情绪高涨的体现。一幅幅色调明亮、充满热情的向日葵表现了凡·高对友人的情感和期许。高更也对凡·高的向日葵赞赏有加，并留存了一幅名为《正在画向日葵的凡·高》的画作。当高更来到阿尔勒的时候，连路边的商贩都能认出他，因为凡·高已经拿着高更的画像

四处宣传多次。他们的作品中总有跨时空的联动，这些作品仿佛都在告诉我们一个道理，孤独是不能创造伟大的，伟大诞生于那些不惧怕孤独的勇敢的内心，诞生于那些与孤独和解的内心。

三、婚姻中的孤独

婚姻是一种亲密关系，两个人生活在同一屋檐下，共同面对生活中的问题，从理论上讲，这是人类社会中除了亲子关系外最稳定的关系了。只是，并不是所有的婚姻都让人感觉踏实和满意。婚姻中的孤独反而更让人绝望。

1. 时有时无的断裂感

我听过这样一个故事，女孩结婚后发现丈夫酗酒，她的丈夫隔三岔五地喝酒，每次喝完酒，都会拉着她说话，不停地说自己的事，她能做的就是倾听和附和。一开始她觉得这样挺好，她的丈夫这么愿意和她沟通，但是时间久了她觉得很孤独，自己又能和谁说这些呢？

她和闺蜜说，和自己的父母说，但他们告诉她这个男人酗酒，是个危险人物，酗酒的人有出现家暴行为的可能，酗酒也会导致严重的疾病，甚至有人开始劝她结束这段婚姻。没有人真的想知道她在想什么。

她的丈夫不在乎她闻到酒味的感受，不在乎她听故事的心情，不在乎她是不是也想说自己的故事，而她身边的其他人似乎只想给她建议。她当然会孤独，一方面她能体会到丈夫的挫败感，另一方面她也体会到自己的挫败感，没人想听听她的心里话。她被当成了一台录音机，或是一个垃圾桶，也许谁都可以代替她出现在这段婚姻中。

通常你听到的故事是反过来的，丈夫总是拒绝交流，妻子说了很多却得不到回应，然后她失望、愤怒，情绪无处宣泄。

不过，也许你已经发现了，你听到的故事和我听到的故事其实没有本质的区别，这些故事都反映了婚姻中的一方没有感觉到婚姻是一个相互依赖的关系。他无法被你依赖，或是你感觉不到你被依赖。这样的婚姻变成了一个人的原野，空荡荡的，只剩下孤独和冷清。导致婚内孤独的一个很重要的原因就是彼此之间联结的断裂，有一方开始感知不到另一个人的存在，继而无法感知彼此。也许你会好奇，为什么好端端的，这种断裂就会发生呢？在解释这个问题之前，我们

必须要把断裂和独处做一个区分。人们从彼此的世界中暂时抽离，回到自己的一方天地中，比如有些丈夫在洗手间一待就是半小时，他们并不是纯粹为了上个厕所，更多的是抽一根烟，放空一下自己，妻子们也会如此，我们都有独处的需求。而断裂则是发生在情感上，将自己的情感撤回到自己的内心，不投向我们的伴侣，开始对发生在对方身上的事情漠不关心，也不再允许对方依赖自己。是的，这种断裂如果无法挽回那就是爱情的结束，好在，人类的情感总是复杂多变的，不可逆的急剧变化往往不是主流。其实，情感断裂时有发生。

一对夫妻是同行，妻子常向丈夫诉说工作中的困难。有一次，这个丈夫听到一半时脱口而出："我早就和你说了这件事不能这么办，你就是不听，现在来问我，我也不知道。"妻子听完后愣在一旁，看着正在摆弄手机的丈夫，一阵心酸。在这个时候，妻子就体会到了这种断裂，丈夫像一个陌生人一样无法靠近和依靠。但是过了两天，丈夫突然问妻子："你那天说的那件事解决了吗？我好像能做点什么。"突如其来的关心让妻子心里五味杂陈，她恨这个男人当时的漠不关心，气这个男人的后知后觉，恼这个男人的不合时宜，却又有点开心和欣慰。

情感断裂的发生有很多种原因，有时候是因为自己的无力或是分心，有时候是因为对方的需求。在婚姻中识别这种情感的断裂是非常重要的，并且要阻止这种断裂一再发生。

2. 危机边缘的信任

失去信任感则是婚内孤独的另一个原因。信任是很奇妙的东西。有个希腊神话故事，也许大家都听过：皮格马利翁是塞浦路斯的国王，擅长雕塑，他不爱凡间的女子，却独爱自己亲手雕塑的少女像，他将这座雕塑取名为加拉泰亚。他投入自己的全部精力，希望这座雕塑变成真人，并且有朝一日能娶她为妻。他祈求神帮他实现这个愿望，最终他打动了爱神，雕像被赐予生命，他们结成了夫妻。

心理学家们做过一系列实验，结果显示，信任确实能够使人变得更好。在婚姻中，信任就格外重要：一方面，如果我们相信对方是有价值的，是可依靠的，对方会感受到这种信任，并且在潜移默化中做出某种程度的改变，以更符合我们的期待，随之那种寂寞、孤独的感觉就会减少；另一方面，当感受到来自对方的信任时，我们会感觉自己是被依赖的、被需要的，我们是有价值的，这样也能让我们的内心充满力量，来应对生活的苦闷和无奈。

但是，如果不被信任呢？

有一种需要叫作归属需要，这是人类长期演化的产物，我们想要归属于一个种族、一个部落、一个宗族、一个家庭、一段关系，这种需要深埋在我们的血脉中。

在婚姻中，不被信任就意味着不被需要、不被期待。妈妈不信任爸爸的教育方式，觉得自己永远正确；孩子不相信爸爸能够保护自己，也不相信爸爸是他的人生榜样，到头来爸爸成为家庭中尴尬的存在，他在家庭中可有可无，他不孤独谁还会孤独？如果是妈妈不被信任，也会有同样的感受。在很多所谓婚内孤独的家庭中，夫妻之间总缺乏信任，他们宁愿相信对方永远无法改变，只能自己默默承受。

3. 单向的分享

我们把目光暂时看向四五岁的小朋友，他们常常会为了玩具的归属而争吵。这是我的，那是我的，那也是我的。等孩子们渐渐长大，他们会意识到，很多时候将自己拥有的东西分享给他人也是一种快乐。一起玩耍、一起创造往往能给人带来更大的愉悦。这种分享一定是建立在一方愿意给予，另一方愿意接受的基础上。这种分享一定得是双向的，彼此付出，彼此接纳。这被称为亲社会行为。这种行为是人类建

立关系的重要模式之一，也是社会维持良好运行的重要因素
之一。

好的婚姻状态起码是一种彼此愿意亲近的状态，夫妻双
方共享着喜怒哀乐，也分享着彼此奋斗出的物质成果，他们
愿意为对方付出，愿意接纳对方。婚姻中的逻辑其实和亲社
会行为在大众间扮演积极角色的逻辑是一样的。亲社会行为
是最直接的表达善意和理解的行为。

人与人之间往往是很难心意相通的，外在的行为是彼此
判断对方的重要依据，也是个体集结成团体的重要标尺。亲
社会行为就是一座桥梁，搭建在人和人之间，释放了善意的
信号，得到了回应。婚姻中也是如此，愿意亲近的两个人才
能有足够的证据去确认对方的心意，去接纳对方。但婚姻并
不总是完美，有时候这种对于分享的期待会引来失望。

"我走向森林，那里很漂亮，有阳光，有花朵。走
进去后，我突然觉得很害怕，回头一看，发现只有我一
个人。我大声呼喊我老公的名字，他出现了，一把抱住
我，我问他在这里做什么，他说他要走了，然后他变得
模糊起来，最后消失了，也许变成了其他动物，反正他
不见了，我就被吓醒了。我把这个梦告诉我老公，他说

我有病。你知道吗？这就是我的生活，再好看、再华丽也只有我一个人在其中，再恐怖、再荒唐也是我一个人的生活。而且就我一个人在那里，没有别人。"这是一位已婚女性的梦，当她说出这个梦的时候，她正在和丈夫"冷战"。冰冷的家庭环境激起了她内心的孤独感觉。

在她的梦里，美丽的森林因为孤独而变得让人恐惧。醒来后的倾诉，因为被拒绝而让人伤心流泪。孤独不仅是梦里消失的丈夫，也是现实中不愿接纳她的老公。这时候，孤独感的由来是对方用力关上了一道门，把你拒之门外了。你站在门外，使劲敲门，得到的只有自己无助的回声。婚姻中的拒绝总是显得更加的冷漠和无情。有时候你可能在想，若人生总是如初见那般该多好啊！那深情的对视，那说不完的话，总能得到回应或是认同。

上文提到的归属、信任、亲近、接纳就是马斯洛的需要层次理论中爱和归属感的需要。在马斯洛的理论中，在低一级的需要得到部分满足之后，人会转而追求更高层次的需求。可惜的是，也许你事业有成，也许你在外备受赞许，但是当你回到家，坐在沙发上，躺在双人床上，身边的人无法让你感觉到你是被爱的，而且你们是共同拥有着这个家的。

4. 常有的忽略

　　亮点燃一根烟，他看着窗外，雨滴从屋檐上滴落，滴滴答答像是催他早一点出发。今天他要去学校接孩子。他很不开心，项目还没结束，正是最忙的时候。他本应该在办公室和同事们一起加班，而不是去学校接孩子。虽然同事们都很理解亮，毕竟大多数人都是过来人，但是最近这种情况实在太频繁了。"早就让你去学车。"他心里念叨着，明明自己说过无数次最近很忙，为什么就像没有人听见呢！"你不能打车去接一下吗？"他心里继续念叨着。他想起小时候，下雨天爷爷来接他放学，一路上他逢水坑就踩，好不有趣，回到家时鞋子都湿透了。"现在的孩子真娇情，多大了，不能自己回家吗？"他心里还在念叨着，明明他说过最近很忙，为什么他的声音总是没人愿意听呢！

忽略感是另一种婚内孤独的原因，人和人之间就像是照镜子，回应就是一种反射。有时候不知道是什么原因，婚姻中仿佛充满了忽略感。妻子在结婚纪念日准备了大餐，丈夫直到吃完了也没有察觉；丈夫诉说工作中的艰辛，妻子只顾着孩子的作业……这些都会让人感觉自己被对方忽略了，自

己的声音没有被人倾听。久而久之，亮的抱怨变得没有边际，从妻子没有驾照，到孩子需要接送，似乎家中的一切都在跟自己对着干，一切都不顺心。

我们每个人都有一种原始的忽略感，这常发生在我们的童年，当我们的本能需求或是喜怒没有被正确回应的时候。没有成人的正确回应会对幼儿造成创伤。在 20 世纪前叶，行为主义心理学家华生提出"哭声免疫法"。这套方法来自华生对幼儿开展的实验，他发现，如果对孩子的哭声不加理睬，而在孩子停止哭泣时再去安慰，那么孩子就会慢慢改变哭泣的行为，他还认为这样的孩子更具坚韧不拔的品质。大概在十年前，曾有自媒体宣传过这种失败又让人惊悚的育儿方法。为什么说这种方法是失败和惊悚的呢？因为这种方法完全忽略了孩子最基本的需要，也就是在哭泣时被安抚的需要。及时的回应对于幼儿来说是十分重要的，因为在他们的世界中，能够依附的对象如此地少，可获取的心理资源也十分有限，惶恐占据着孤立无援的每一刻，对死亡和生存的恐惧萦绕在大脑的每一个角落。时至今日，行为主义心理学已经发生了很大改变，行为主义心理学家们也认为对幼儿进行哭泣免疫行为训练具有伤害性。华生将自己的方法运用到了家庭教育中，不幸的是，他的三个孩子，一个自杀亡故了；

一个重度抑郁，多次自杀未遂；另一个离家出走，最后死在了街头。

我们每个人终其一生都在面对孤独，在应对孤独的感觉时，我们童年时期的经历还是多多少少起到了一些作用。作为一个成年人，不能再让童年时期的不幸成为今天不快乐的理由，也不能大言不惭地说出"父母皆祸害"的谬论，我们承担着让自己快乐的责任。但是，这并不意味着我们的经历毫无价值，我们要理解自己，就需要对那段经历有深刻的认识和反思。

如果一个孩子从小就被忽略、被否定，他也许会感受到更多自己对他人的依赖，也会更多地去追求认可和赞许，当然也更容易感觉到孤独和空虚。哪怕他身处闹市，哪怕他身边有爱人和朋友，这种感觉也挥之不去，因为这种感觉不属于现实中的他，而是属于他内心那个没有得到足够爱的孩子。这个世界对他来说是不安全的，他无法在遇到挫折时回头扑入妈妈的怀抱，他只能独自哭泣，没有人来安抚。在这个内心的剧本中，孤独是主旋律，现实生活很难撼动它的地位。

在这一章的最后，我想问大家三个问题，这三个问题的答案在这本书里，也在大家的心里。

第一个问题：你孤独吗？在你人生至今的整个历程中，你孤独吗？或者你孤独过吗？

第二个问题：你是什么时候第一次感觉到孤独的？发生了什么呢？

第三个问题：在这一刻，就是这一分这一秒，你孤独吗？是什么原因呢？

婚内孤独当然是让人格外难忍的，婚姻本来应该具备的功能被削弱，家变成了冰冷的洞窟而不是可以停泊的港湾，自己的内心再一次体验到生命最开始时的无助和孤独。但是，婚姻到底是什么呢？人类为什么要有这么一个契约式的制度呢？又是什么让婚姻变成了孤独的牢笼呢？这些问题我会在下一章中进行解答。

第二章　孤独是婚姻的内核

"我不知道自己的婚姻算什么？我们有了孩子，也创造了不少财富，但是我不快乐，我们以前是那么恩爱甜蜜，一秒钟都不能分开。也许是时间长了，也许是感情淡了，现在的我只感觉累。我不想和他多说一句话，我们也谈不到一起。但是，我好像又离不开这个家。婚姻到底是什么呢？难道真的就是搭伙过日子吗？"

一、婚姻制度的前世今生

　　其实，现代婚姻制度的建立是一个漫长的过程，婚姻制度伴随着人类历史进程慢慢演化，而有了今天的形状。人类在自我进化的过程中累积的知识、创造的生产力，还有不停发展的伦理观都在其中起了十分重要的作用。成系统地讨论婚姻制度的演化发展要追溯到美国学者路易斯·亨利·摩尔根在 19 世纪 70 年代所著的《古代社会》一书，在这本书中，摩尔根从历史和社会学的角度讨论了人类族群婚姻制度的发展。如果我们把目光投向我们现在所处的社会，也能感受到婚姻制度在发展过程中所留下的种种痕迹。

在原始社会，特别是初期母系社会中并没有我们如今稳定的婚姻制度。有人类学家认为，在一开始人类没有生育观的时候，男性和女性之间并没有稳定生活在一起的习俗。原始的宗教崇拜在当时扮演着十分重要的角色，知识的匮乏让部落中的族人认为生育和性没有直接的关系，上天或是神灵只是借助了女性的肚子帮助部落繁衍后代。女性在部落中通常担任着重要的角色，她们可以成为祭司，直接与神灵沟通，解答族人的疑惑，治疗族人的疾病；或者成为部落首领，需要做出杀伐果断的决定。在那个时代，性无关道德，生育无关于性，孩子被认为归女性所有，孩子们的父亲是天上的神灵。这种思想一直对人类产生着影响，从关于圣母马利亚的传说中也能发现这种思想的痕迹。

人类发展出的第一个婚姻制度是血缘婚，血缘婚也可理解为族内婚，婚姻双方同属一个家族体系。人类在这个时候开始有了一定的伦理观念，族内婚的婚姻双方必须是同辈的，

不同辈分之间的结合属于禁忌。血缘婚多发生在母系氏族中，并且亲兄妹或亲姐弟的结合占很大比例。我国神话中的伏羲、女娲就是兄妹，他们的结合是符合血缘婚的。以我们现在的生理学知识可以猜想到，这种婚姻制度会造成许多畸形儿的出生，这种严重影响族群延续的婚姻制度最后也退出了历史舞台，并且这种血亲之间结合的族内婚慢慢成了一种禁忌。

另一种发生在母系社会中的婚姻制度叫作亚血族婚。顾名思义，这时候结合的双方也存在一定的血缘关系，但是已经开始排斥同胞兄弟姐妹之间的结合。这种禁忌并不完善，哪怕发展到后期，禁忌也只存在于同一氏族，表亲婚是被允许的。这种影响即便到了我国的封建王朝时期仍然存在。如果我们再深究一下亚血族婚，你会发现，虽然在现代社会中已经不存在这种婚姻制度，但是其影响一直存在。这就要提到亚血族婚的一种形式，就是姑舅表婚。姑舅表婚通常发生在表兄妹之间，并且舅舅家的男丁对于姑母家的女儿有着优先选择权。即使舅舅家没有儿子，姑母家的女子出嫁都要征得舅舅的同意。某些情况下，姑母家的女子为了追求婚姻自由，需要补偿舅舅家才能出嫁。在我们现代婚礼中仍然能够找到这种风俗的影子，女孩出嫁，舅舅和舅舅家的儿子，扮演着除了新人和双方父母外最重要的角色。

在婚姻制度刚出现的时候，人们都还没有男女结合方能生育的意识，当时生育被认为是上天对氏族或者部落的恩赐。在这种观念下形成的婚姻被认为可能是为了维系族群而存在的一种形式，社会属性是有婚姻制度之时便与这个制度无法剥离的，我们如今的社会仍然会强调家庭是社会的最小单元，而家庭的形成必定有婚姻的痕迹。

对偶婚是另一种母系社会时就存在的婚姻制度，这种不以血缘为纽带的婚姻制度有着一夫一妻制的雏形，异性双方或长或短地生活在一起一段时间。他们两相情愿，但并不受伦理束缚，没有固定的婚姻形态，双方仍然可以自由地再次选择伴侣。这种婚姻形式和群婚制度同时期存在。哪怕时至今日，一些少数民族地区仍然延续着这种制度。

在母系社会向父系社会过渡的时期，婚姻制度发生了变化。在母系社会，孩子只知其母，不知其父。母亲知道自己的孩子是谁，但是父亲不知道哪个孩子是自己的，对于男性来说，这是性别所带来的不确定性。而随着生产力的提高、社会的变化，这种情况加剧了男女对于子女的争夺。为了改变赘婚，也就是男从女居的状态，男方家庭会以赠送财物的形式对女方家庭进行补偿，以使女子婚后可以从男而居。这些财物就相当于现代社会中的彩礼。如果男方家庭经济条件

不好，男方则会在女方家从事无偿的劳动以作补偿，这就是所谓的"以身为聘"。当时还有一些地方有这样的习俗，女性在生产之后需要立马投入劳动中，男性则假装自己是产妇，卧床哺育婴儿。在婚姻制度演进的过程中，男性开始意识到孩子的出生和他有关，并且急需确认自己的子嗣。这种情况下，发展出了一种特殊的婚姻形式，那就是"劫掠婚"。当然并不是真的让男性半路杀出，劫掠良家女子，只是一种婚姻的表现形式，这种形式彰显了男性的力量，也实质性地造成了婚后女从男居的事实。现代婚礼中，在某些地区，男方接新娘时需要破坏式地撞门而入，就是还存在着这种婚姻形式的影子，只是现代婚礼中，破门而入的新郎需要付出一定的代价并且接受新娘对他的婚前最后一次临场"测试"。

有学者认为，对偶婚是个体婚出现的重要原因，一是男女生活在一起，日久生情；二是双方共同生产，创造了属于自己家庭的财富，使其可以逐渐脱离母系氏族。私有化的出现、父权社会的建立、一夫一妻制度的形成都可归功于个体婚的出现。另一些学者却认为，父权社会中私有化观念的深入，才使得个体婚成为可能。随着男性开始掌握更多的生产资料，女性的地位下降，女性被男性以某种形式所"拥有"，这就造成了一夫一妻制度的诞生，男性必须以某种形式私有化女性才能保证子嗣的血统。

　　直到近代，我国仍然有表亲结合的习俗，但是这种婚姻形式更具有个体婚的特征，而非亚血族婚。这是因为父权社会的形成和一夫一妻制度的建立。在父权社会中，生育子嗣、延续香火这样的观念逐渐成为婚姻存在的重要原因，女性在婚姻中的权力极大地弱于男性。并且随着封建礼教思想的盛行，女性必须遵守"未嫁从父，既嫁从夫，夫死从子"，这种在行为和道德上的约束大大降低了女性在婚姻乃至整个家庭生活中的自由。必须要在这里说明的是，在这一过程中，伴随着男性将女性物化的进程，还出现了"卖妻""典妻""雇妻"的现象。这样的时代距离我们如今并不算遥远。所以，从婚姻制度的历史进程可以看出，婚姻并不全然是爱情的归宿，确实有着浓厚的社会属性和经济属性，这是我们无法否认的。

　　西方学者认为现代家庭结构的雏形大概是在 20 世纪 60 年代开始出现，现代家庭的结构比较简单，家庭成员主要是爸爸、妈妈和孩子。这种家庭结构的形成过程其实还是比较漫长的。在欧洲，第一次世界大战之前，女性很少在外谋生，未婚女性可以在贵族或者富翁家中担任女佣，而已婚女子就业相对比较艰难。女性大规模就业，特别是从事工业生产活动的主要原因是，第一次世界大战中，交战各国参战的男

性伤亡惨重，大量的就业岗位需要女性来填补。女性经济地位的提升也促进了女性独立意识的增强和女性社会地位的提升。第二次世界大战（简称"二战"）后，经济复苏，发达国家的经济结构发生改变，加上薪资水平的提高，有些家庭发现男性一方工作也可以负担整个家庭的开支，为了更好地育儿，女性会选择辞职在家照顾孩子和家庭。这是西方主妇文化的由来。我国20世纪90年代引进的一部美剧，叫《成长的烦恼》，它讲述了一个普通美国家庭的故事，剧中的父亲是心理医生，母亲是记者。母亲在第一个孩子出生后做了全职妈妈，等几个孩子年龄稍大一点后，这位母亲才重新回归职场，继续自己的记者生涯。这部剧反映了当时西方大多数家庭的选择，即父亲上班、母亲在家照顾孩子的模式，这是一个非常有时代和地域痕迹的家庭结构。

在我国，二战后，这种带有父权特征的"男主外，女主内"的家庭结构存在的时间不长，"妇女能顶半边天"的思想从新中国成立伊始就深入人心。很快我们国家就进入了后现代家庭结构的时代。

后现代家庭结构就是我们现在所看到的家庭结构，夫妻双方都要工作，这种家庭结构是少子化和高离婚率的一个重要原因。也就是说，婚姻和家庭的形式有了结构性的变化，夫妻双方的经济相对独立，父权特征减少，但是婚姻的稳定性降低了。并且家庭形式呈现多元化趋势，例如，丁克家庭的出现。

后现代家庭结构的重要特征就是摆脱了现代家庭结构中的稳定性和单一性。但是，这也使得后现代家庭结构的形式呈现出某种混乱的趋势，形态多元也代表着思想的多元。除了经济发展、社会经济结构改变等因素外，个人主义思潮等也起了很大的作用。可以看出，现如今我们正处在一个多元化的时代，未来的婚姻形式和家庭结构将出现哪些变化很难预测。至于到底哪种婚姻形式和家庭结构更幸福、更适合，很抱歉，我也给不了答案，你的答案在生活中。

二、婚姻的本质

如果我们按照婚姻制度发展的顺序来理解婚姻的本质，那么至少有四个方面是必须被提到的。第一个方面是婚姻的社会属性，对于整个社会而言，婚姻是稳定剂。家庭作为社会的最小组织而存在，而维系家庭的重要方式便是婚姻。无论是血缘婚还是亚血族婚，在人类没有掌握生育知识之前，

婚姻是维系同一氏族稳定或者氏族间关系稳定的重要措施。哪怕时至今日,结婚率和离婚率仍然被认为是衡量社会稳定、可持续发展的指标之一。第二个方面,对于人类而言,婚姻是种族延续的前提。无论是母系社会中的男从女居,还是父权社会中的女从男居,原始的婚姻制度都有意无意地起到了保证氏族后代延续的作用。虽然现在有些地区的人们认为生育和婚姻是两码事,但这并不影响我们对婚姻制度本质的理解。在人类悠长的历史中,婚姻制度保证了种族的延续,特别是在父权社会中,降低了男性性别所带来的不确定性。

恩格斯对婚姻做出过一种论述,他认为一夫一妻制度的婚姻是男性为了将自己置于家庭的中心位置,将自己的财产合法地转移到亲生子女手中所采取的一种形式。这也许是男性对母系社会中无法得知子嗣身份耿耿于怀导致的吧。

在父权社会的初期,男性负责出去狩猎,女性在家里面耕织,男性需要把家的四周围起来,以告诫别人这是他的地盘,这样女性就可以安全地在其中生活。汉字"家"便有在居所内的隐喻。

对于个人而言,婚姻制度就变得有些复杂了。最近几年,我发现了一个现象,随着身边的朋友陆续结婚,我渐渐意识到,做婚前财产公证的比例似乎高了许多。特别是那些经济条件稍好的家庭，他们更愿意将财产进行公证。这样做能够规避很多风险，可以让婚姻不受彼此经济条件的束缚。举个例子，做了婚前财产公证，一方在婚前创业产生的债务不会影响婚后的共同财产。社会的发展、资本运作的成熟，让一部分人意识到，把"夫妻本是同林鸟，大难临头各自飞"当作达摩克利斯之剑，才能保证婚姻存续状态下的经济利益。

这种状态其实也恰好证明了一个不争的事实，就是在现代社会中，受到社会经济发展的制约，我们也会将婚姻看作一种资产的结合。所以，我们要提到的第三个方面就是，婚姻的本质是一种经济保障。

亮拥有一个看似美满的家庭，属于别人眼中的"幸福男人"。其实，每天晚上他的夫人都和孩子睡，他一个人睡在另外的房间。他给自己找了很多理由来解释这个问题，比如，孩子还小，需要妈妈照顾；或者大家都是如此，熬几年就过去了。虽然亮感到孤独，但维系婚姻能够更好地共同抚养孩子，在经济上、心力上他都会轻松很多。亮还算了一笔账，好像婚后自己得了不少经济上的好处，至少有人共同承担房贷了。

在亮的眼里，他的婚姻更像是一个合作经营的公司，两

个股东分工协作，把各自业务完成，共同承担公司的各项开支。这种经济上的"困顿感"反而维系了他的婚姻。婚姻稳定性的降低与经济因素和社会经济结构改变也有关系。所谓经济因素，就是夫妻双方不需要靠生活在一起来降低各自的生活成本，经济上的相对独立能够让他们的生活更自由，没有必要依附在家庭中。外部社会经济结构的改变，听起来很复杂，举个简单的例子，当房产投资成为一种收益可观的投资渠道时，有人会为了购入更多房产而"假离婚"或者"假结婚"（在此提醒一声，法律上并没有这两个概念，一旦民政局登记便是受到法律保护并需要承担法律责任的）。有位教授曾提到她在韩国观察到的状况，很多男性会在60岁时被起诉离婚。这是因为韩国家庭主妇比较多，这些女性以男性的收入维持家用、照顾子女，但是当男性到了60岁，面临退休和收入锐减时，女性终于不用再在婚姻中忍受煎熬，故而提起离婚。因为他们婚姻中最重要的，也许是唯一的羁绊——金钱，已经不再有能力扮演重要的角色了。

这位教授举的例子，一方面能够说明婚姻是父权社会中禁锢女性所采取的一种社会形式，婚姻制度有其"原罪"。也就是说，我们或多或少地受困于婚姻的一个基本元素，即经济元素。另一方面，这也是一种暗示，在心理层面上，男性和女性对家的态度和感受是不同的。女性大多希望家中有她可以依附的对象，而男性则希望家中有久违的掌控感。

其实，这一切正在慢慢发生改变。有学者发现，随着女性社会地位和收入的提高，依附于男性生活的女性变得越来越少，那些经济上足够独立甚至超越了伴侣，并且更注重自由和自身生活品质的女性开始逐渐增多，这类女性的增多被认为是现代社会晚婚、不婚、离婚的原因之一。我知道很多人利用这一点挑起了一定程度的性别对立，从一个心理健康工作者的角度，我更希望每个人都能拥有自己想要的生活。以我自己的工作经验来看，女性社会地位的提升并不意味着家庭地位的提升，我们这个社会中仍然有很多女性在外拼事业，回到家中还需要面对不理解自己的丈夫和嗷嗷待哺的孩子，她们压抑、痛苦，常常缺少丈夫的关心和理解，她们也会怀疑自己在婚姻中的状态，她们是孤独的。其实，女性拥有更多选择的自由，才有利于健康婚恋观的发展，只有独立的人才有资格谈平等，只有平等的两个人才能称得上是相爱的。衡量社会稳定的标准除了一个个数据外，也应该注重数据背后的东西，高质量的婚姻能够带来较高的幸福感，这种幸福感也维系着社会的稳定和发展。糟糕的婚姻勉强存续反而会引发各种各样的社会问题，特别是婚内的暴力问题。

婚姻的经济本质还具有另外一个特性。在现代爱情剧中，经常会出现一个让人十分厌恶的桥段，男主角或者女主角的父母会觉得另一方配不上自己的孩子。特别是在那种"霸道总裁爱上我"的老套剧情里，父母认为孩子应该选择门当户对的商业联姻。编剧们似乎在这一点上有了共识，其实这是源于我们在现实和想象层面都或多或少地认为婚姻就是一种资产继承，或者说经济的制度性继承。

其实，婚姻对于现代人最重要的意义和价值体现就是爱情。有人可能会说婚姻是爱情的坟墓，有人可能会说结婚后爱情变成了亲情。这些解读都太过悲观，上文我们曾经提过，个体婚出现的重要因素之一就是日久生情，情感对于个人婚姻来说是十分重要的。

亮和惠当初也是让人羡慕的神仙眷侣，那年亮从国外留学归来，和中学时的初恋惠重燃爱火。分别多年的情侣重新在一起后，似乎都想要弥补分别后的痛楚，他们格外亲热，也格外地投入。他们没有一天不黏在一起。周围的朋友都觉得他们是模范情侣，更有朋友说如果有一天他们分手，那便再也不相信爱情了。不知道是对他们再续前缘的真心祝福还是无能为力，亮的母亲也不再反对这段恋情。婚后的他们也十分恩爱，每一个纪念日、每一个节日，他们都会花心思一起度过。有一年的结婚纪念日，正赶上亮在外出差，因为买不到高铁票，他就打车回家和惠一起庆祝。他们总是为对方着想，照顾对方的感受，从来不怠慢彼此。这样的日子一直过了很久。

我们其实无法把爱情从婚姻的本质中撇除，即便亮的生活已经发生了天翻地覆的变化。如果我们认为婚姻与爱情无关，那么婚姻就是两个人亲密关系的终点，或者可以说婚姻的开始就是爱情的结束。但是，如果我们无法理解婚姻的全部本质，那么我们又会陷入另一个误区，我们会认为婚姻只是恋爱的另一种形态，误以为婚姻和恋爱并没有不同。

总的来讲，婚姻的本质可以从四个方面来理解。于社会而言，婚姻是家庭形成的纽带，是社会稳定的基石之一；于物种而言，婚姻是种族延续的保证；于个人而言，婚姻是经济博弈的产物，甚至是生活质量的保证。也许理解了这三个方面，我们才能更好地理解，婚姻对个人而言也是爱情，更是需要将分享、责任、奉献、牺牲付诸行动的爱情。

婚姻制度并不只是为了让爱情更稳固而建立的，婚姻制度是为了让我们的生活更有保障而建立的。在认清婚姻的所有本质之后，我们也许更应该有勇气面对自己内心对于婚姻的看法和婚姻之于我们自身的意义。

三、感受的千差万别

托尔斯泰曾在小说里写道，"幸福的家庭家家相似，不幸的家庭各各不同"。孤独的婚姻也是如此，每个人在婚姻中都有着不同的感受，这些感受是非常私人的，一对夫妻对于他们婚姻的感受可能也是非常不同的，但是这些感受都会最终指向孤独。之前有一部名为《三十而已》的电视剧，其中有两个女主角，一个叫顾佳，一个叫钟晓芹，这两位角色的故事就颇能说明一点问题。

我们如果对她们的名字做一点点思考，就能发现主角的名字其实就是一种隐喻，可以揭示两个人在剧中的情感轨迹。顾佳有着照顾家庭的隐喻，而钟晓芹就是忠于感情的人。

在电视剧中，钟晓芹是一直追寻爱情的那一个，她像很多女孩一样对爱情充满了憧憬。她的婚姻曾经让她一度失望。她的丈夫木讷，在情感方面显得很笨拙，在电视剧的初始部分是一个没有办法回应情感需求的"钢铁直男"。而在故事的最后，他们的感情变得异常甜蜜，钟晓芹改变了丈夫僵硬的内心，唤起了他柔软的回应。顾佳的婚姻始于爱情，但婚后她的重心慢慢地转移到了丈夫的事业和孩子的教育上。顾佳确实做到了对家庭的照顾，却越来越少地回应丈夫的情感需要。她们两位的故事线体现了两种不同的婚姻状态。

钟晓芹的婚姻一开始有着以下特点：冷漠、忽视、逃避。这种模式使彼此间的情感不一致，二人无法相向而行。在这种婚姻中，双方情感流动的渠道不畅，一方或者双方或主动或被动地不再回应对方情感上的需求。他们会因为自己的情感无法得到回应而感到失望和孤独。

心理学中有一个经典的实验，叫作静止脸实验，实验要求婴幼儿和母亲参与，在实验中，一开始母亲需要和孩子进行互动，一段时间后，母亲必须突然间面无表情地对着嬉戏中的孩子。一开始孩子在看到母亲面无表情的脸后，仍然会和母亲互动，哪怕得不到母亲的回应，他们仍然期望把那个回应他们的母亲唤回来，但是在数次失败后，孩子就变得惊慌失措，无法保持原有的愉悦，甚至大哭不止。

我们人类对于情感回应的需求是极大的，这可能是灵长类动物的"通病"。在一项以恒河猴为实验对象的研究中，那些从小被人为隔绝喂养的猴子会有着异于普通喂养猴子的特征，他们通常短寿且性情孤僻。这是因为他们的情绪和情感从未被其他生物回应过。

可以说，在情感上不被回应是一种危害极大的身心体验。而在婚姻中，这种体验直接导致了婚姻生活中的孤独感。

　　亮还是选择要和惠谈一谈，他预演了很久，想把自己的想法告诉对方。他回想最近一段日子里发生的事，他们几乎已经不再像情侣一样对话，为数不多的话题都是关于孩子和家里的开销用度。在他脑海当中的剧本里，这次对话应该会颇有成效，他们可能因此而变得亲密。当他开口讲述自己的想法时，惠觉得很惊讶，睁大眼睛、难以置信地看着亮。"你怎么会这么想？"惠的语气中略有不快。"这是怎么了？"惠开始有些不耐烦。亮想要解释这并不是在责怪惠，他只是感觉他们的婚姻生活不再甜蜜，也不再有激情了。"那你要我怎么做？"惠不悦地反问道。亮失败了，这不是他想要的答案，也不是他预演的对话。他感觉不到爱。惠也同样不好受，她并不觉得他们的生活有什么问题，她只是太累了，白天她需要上班，晚上孩子缠着她，她几乎没有自己的时间。有时候她能感受到亮的需要，好几次亮躺在沙发上，像往常一样谈自己的工作，分享自己的感受，但是她总不能像以往一样静静地聆听，亮的话题也总是被迫匆匆结束。有时候，她也期待亮的付出，哪怕分担一点点家务，可是最后她却得到亮的不满。那天夜里，他们都陷入了自责，"是我要得太多了吗？""是我做得还不够吗？"

如果说亮对婚姻的感觉是情感体验的不一致，那么惠的感觉则是婚姻中的错付。一方总觉得自己在奉献甚至牺牲，但得不到应有的认可，也得不到对方同样的回报。《三十而已》中顾佳的婚姻也是如此，幸福的假象弥漫在婚姻中，直到丈夫逃离才戳破最后一层掩盖真相的遮羞布。

在人际交往中有两个重要的法则，一个是黄金法则：你想他人怎样对待你，你就要怎样待人。这样的法则有利于人与人之间相互信任，建立关系。惠认为她在婚姻中总在付出，她期望她的丈夫也能在婚姻中有同样的付出，但是这样的期待最终落了空。不但如此，丈夫的诘问也让她伤心不已。她似乎错付了，无论自己做什么都无法被丈夫体会到。

另一条法则同样重要，那就是白金法则：别人希望你怎样对待他们，你就怎样对待他们。也许惠做得够多了，她有理由委屈难过。只是亮的需要和她的付出也许从来没有一致过。

另一种造成孤独感的原因则是爱情的退场。在我看来，最恐怖的对婚姻的祝福就是"好好过日子"。难怪有人会坚称婚姻是爱情的坟墓。心理学家斯滕伯格曾提出一套关于爱情的理论，他认为爱情由三种成分组成，一是亲密，互相理解、坦诚、乐于分享彼此的秘密、给予对方支持，亲密更像是一种"喜欢"，认可对方的价值，感受对方的亲近；二是

激情，一种建立在性欲望得到满足基础上的行为和情绪，激情浮于表面，但是通常表现激烈，更像是一种对于身体满足的迷恋；三是承诺，投入到关系里，主动地维系这段关系，承诺需要更多的耐心、奉献和责任感。而"好好过日子"这句话太过强调"承诺"了。我曾听一个朋友盘算距离自己孩子成年的时间，当时我好奇地问她为什么要算这个，她说等孩子成年她就自由了。这样的婚姻没有亲密，更谈不上激情，剩下的只有承诺。

最后一种造成孤独的原因是对自我的压抑。也许是我们太过看重婚姻了。有位朋友向我袒露过她婚前婚后的两种状态。婚前她性格不好，有点恃宠而骄。她出生在城市中产家庭中，父母将她视作掌上明珠，加之她自身条件出众，到哪里都会成为焦点，周围的人也很喜欢她，追求者众多。她的丈夫并不是所有追求者中最优秀的那个，但是为人成熟稳重，在她看来她是"委身下嫁"。婚后的他们也曾甜蜜过，只是好景不长，很快就有了各种矛盾，而她总是委曲求全。她的家人和朋友都认为是她长大了，性格变好了。只有她自己知道她一直在压抑自己。婚姻对她来说太重要了。她将婚姻看作人生中最重要的事，这也是她选择自己丈夫的原因，婚前的他是那个看起来最能够与自己长相厮守的人。

可能是我们太看重对方了，将自己放在一个讨好者的位置上，只为讨对方的欢心；抑或将对方看作自己的救世主，似乎失去了对方，自己就无法继续生存；甚至在施受虐的关系中，将自己任由他人蹂躏。这样的关系充满了不平等，这样的关系中没有自我。

压抑作为一种心理机制而被定义，压抑导致的后果除了精神抑郁、身心疲惫外，最可能的就是人际隔阂。压抑是将自己的负面情绪隐藏起来，是一种自我封闭的状态。压抑的人将自己的情绪放在内心的压力锅内，即便外表风轻云淡，但心中早就惊涛骇浪。他们将自己封闭起来，既害怕被封闭的那部分具有的破坏力，又在内心中反复煎熬。正是这样的状况造成了他们的孤独，这样的孤独是可悲的，他们自己关上了被人理解的大门，只能在角落里舔舐自己的痛苦和孤独。

孤独感是一种主观感受，这些感受有时候并没有客观的现实作为基础。孤独感是唯心的，在一段关系中，是何种原因导致的孤独感完全是一念之间。而且这些原因更多时候是交互发生的，我们无法将孤独感与其由来一一对应。

亮在他的婚姻中感觉到了孤独，有时候这种孤独来自情感上的断裂，有时候来自对爱情的怀疑，有时候也来自对自己情绪的压抑。但是，更多时候，他自己都说不清这种孤独

到底来自何处,用他自己的话说,就是"它们一起起了作用"。

现代人的婚姻大多以爱情为基础,但是我们仍然逃不开婚姻的"原罪",即那些在婚姻制度发展历程中扮演过重要角色的因素。就像我们如今还奉行的那些婚姻习俗,比如,婚礼中舅舅的地位、佯装劫掠的接亲仪式乃至婚后的女从男居,这些都在提醒我们婚姻制度底色中的复杂。所以,我们更需要跳脱出来,而不是陷在陈旧的历史和无趣的文化争辩中。这并不意味着我们只应将婚姻看作爱情的升华,而是我们一定要明确地知道,只有双方的关系以爱为基础,婚姻才能幸福地延续下去,虽然爱也会消失,虽然爱虚无缥缈,还有很多现实我们无法左右。我们能做的也许就是保持一份爱的初心,将自己的心门打开。如果婚姻中没有了亲密、失去了激情、卸下了担当、断绝了沟通、疏忽了理解,只有压抑和隐忍,你在婚姻里就不可能自由而满足。如果你不屑于表达自己,也就没有办法获得别人的理解和支持;你将自己关进杜绝爱恨的笼子里,断情绝爱,那么孤独就是唯一的结果。

第三章　依恋和爱恋

亮的工作需要经常出差。有一次，单位派他去另一个城市工作一阵子，虽然收入会有所提高，但是亮还是犹豫了，他的经验告诉他，自己不能离开太远、太久，离开家的他总是魂不守舍的，说不清楚是焦虑还是悲伤。见不到惠会让他难受，哪怕听听她的声音都是好的。亮感觉自己好想惠，又感觉自己已经失去了惠，这些感觉交织在一起。即便回家后，这些在外时的心理感受也不会立即销声匿迹，他似乎需要再确定一下惠的心意才能放下那些痛苦的感受。这些感觉大多数时候并不是激烈地发生的，但是就像某种无法确定病灶的疼痛让他不知所措，他无法安抚自己，也不知道如何让远隔千里的惠来安抚他。

一、不安全的依恋让我们孤独

我在大学读书的时候，有个老师跟我们说，如果你们要谈异地恋，那么先要搞清楚自己的依恋类型是哪种。他当时说，如果你不是安全型依恋的人，那么就不要谈异地恋了，因为你会更加地痛苦。亮大概率不是安全型依恋的人吧，他的痛苦有目共睹。

可能大家都很好奇，为什么非得是安全型依恋呢？这又和婚内的孤独感受有什么关系呢？

为了解答大家的疑问，我还是把依恋类型描述得更清晰一点。依恋理论其实是在习性学的研究基础上被提出的，20世纪，英国心理学家约翰·鲍尔比做了一系列的观察实验后提出了这个理论。值得注意的是，这个理论的基础是习性学，也就是说，依恋的产生和养育习惯，或者与父母如何去抚养孩子其实是没有多大关系的，依恋的产生好像是一种遗传的，也可以说是与生俱来的能力。习性学更强调生物作为一个有机体生活在特定生态中，突出了先天行为、进化和学习的预先安排倾向。

依恋理论是发展心理学中一个重要的带有习性学特征的理论。依恋理论强调，无论父母如何对待孩子，孩子都会对

父母产生依恋，当然因为进化的需要，母婴双方会以一种固定和特殊的形式来互动，确保母婴之间相对稳定的关系。

以习性学的理论来解释，父母对婴儿的反应似乎都是在生物演化过程中安排好的。也就是说，婴儿的某些特征和行为会诱发成年人的照顾反应，成年人的照顾行为又正好契合了婴儿的这些行为和特征。

我的观点可能跟大家通常听到的有关依恋理论的看法有一些不同，当然这只是我本人的思考，仅供大家参考。

我们通常将孩子的依恋类型归结于父母的养育模式，这是值得商榷的，在以往的文献中，这两者的确有很高的相关性，但相关不是因果。相关和因果有什么不同呢？大家可以这样理解，我们正坐在一辆被人推行的车上，相关就是我们和车的关系，我们一起向前，而因果则是推车人和车的关系，因为有人推着，所以车在往前走。表面上看，车、坐车人、推车人都在往前走，但是坐车人和车与推车人和车之间的两两关系是不同的。婴儿的依恋类型和父母养育方式的关系也许正是坐车人和车之间的关系。有时候父母的养育模式不恰当，也许是因为婴儿先天缺失某种符号化的行为，以致没有诱发成年人的所谓正确的反应。这样的假设可以解释不同依恋类型孩子的父母确实会有一些不同的养育方式。

这是一个鸡和蛋谁先出现的问题，所以并没有定论。不过，我们确实可以说，父母对孩子行为的敏感度和他们做出的反应对孩子形成安全型依恋是有帮助的。长久以来，在心理咨询领域中，依恋理论都是我们理解人与人关系的一大基石。

其实依恋的类型只有两个大类，一类是安全型，一类是不安全型。

观察者发现，婴儿大约在六个月大的时候就形成了基本的依恋关系，在和母亲的互动当中，孩子的进食需求被母亲所满足，这也是孩子第一个成熟的，或者说趋向于稳定的人际关系，这个人际关系因喂养而形成。孩子为了被喂养，会有各种与母亲互动的行为出现，母亲也会相应地做出回应。

但是，这种被喂养和喂养的人际关系并不足以支撑人类或者说灵长类动物的孩子持续地生存下去，我们必须发展出更高级的或者更成熟的模式才能获得足够的安全感和保护。美国有一个心理学家叫哈利·哈洛，在他的恒河猴实验中有这样的场景：刚出生的小猴子被单独关到一个笼子里，笼子里放着一只绑着奶瓶的铁猴子和一只没有奶瓶的布猴子。大家可以猜猜，小猴子会选择谁做它的妈妈呢？是铁猴子还是

布猴子呢？哈洛发现，小猴子会先在铁猴子妈妈那里汲取足够的营养，然后投入布猴子妈妈的怀抱。这是一个非常重要的发现，也就是说，比起食物，灵长类动物，包括人在内，更需要一种切实的感受、身体的温暖、依靠时的舒适，这就像是一个 24 小时无限提供温暖和耐心的母亲，从来不会让孩子体验冰冷和被拒绝的感受。这也是持续不断的保护和信任，这是一种爱的感觉。在婚姻中也是如此，稳定的爱对于婚姻来说是极为重要的，并不能用物质来代替。

琳是一位全职太太，她每天的安排可以说是三点一线，孩子的学校、菜市场，还有家，这样的生活持续了很久，虽然枯燥，但也成了习惯。琳的丈夫骏是单位的中层，说不上很忙，但是把大部分的精力都放在了工作上。骏是一个很疼老婆的人，对琳很大方，虽然谈不上富有，但琳的要求他会尽可能地满足。琳说，她曾经抱怨过骏陪孩子的时间太少了，冷落了孩子。还好骏是一个细腻敏感的人，立马明白了琳的需要，不仅在家多陪陪孩子，也在家陪陪她。之后骏一有空就回家，有时候他们会一起计划周末露营或是假期的旅行。对琳来说，能和骏多一些时间在一起就已经很满足了。

琳和骏在婚前异地过一段时间，那段时间是最难熬的，琳和骏的工作都属于有挑战、有回报的那种，他们也都是有好胜心的人，事业才刚刚在各自的城市有了起色，谁都不愿轻易放弃。忙碌的工作加上异地相处让他们聚少离多，感情也一直在波动中。他们时常沟通，而很多时候，这样的沟通就变成了感情和事业孰轻孰重的争执。最后是琳放弃了自己的事业奔向了骏，婚后又安心在家做起了骏事业的后盾。我曾问她为何会下定决心放弃自己的事业而选择爱情和婚姻。她说这全是因为骏做的无数件微不足道的小事，小到她记不清具体发生的时间，小到不特意回忆就不会记起。这些小事就像是现在骏不管再累，每天到家前都要在门口硬挤出一个微笑才进门一样，如果不是骏有时候在门口酝酿的时间太长，激活了门口的摄像头，她都不会发觉。她说骏是一个值得依靠的人，她没有赌错。

如果在一段婚姻中，你体会到被关怀、被支持、被保护，那么这个婚姻才会比较稳定，也不会有那么多的孤独感。但并不是每个人都如此幸运，也并不是每一段婚姻都能够让人体会到足够的爱、关怀和支持。

有一本关于孤独的散文集，叫《孤独是生命的礼物》，这本书的封面上写着这样一句话：不求回应，不求认同，学会与自己交谈，听自己说话，学会孤独。如果我们每个人的境界都有这么高，那就太完美了，但这一切受到我们依恋类型的影响，孤独并不是那么好忍受的。

研究发现，成年人的依恋类型其实跟儿童的依恋类型没有多大区别，大多数成年人仍然保留着他们儿童时期的依恋模式。我们一生都会受到这个依恋类型的影响，那么依恋类型到底是怎么分类的呢？

前面我已经提了一句，依恋类型其实就分为两大类，安全型和不安全型。在我国人群中，大概有 60% 的人是安全型依恋。

对儿童的观察发现，安全型依恋的儿童在和主要照顾者的分离当中表现出了痛苦、依依不舍的感觉，但是当照顾者离开后，他们能够相对比较快地回到原先的状态当中。当照顾者回来之后，他们又会表现出欢迎和欣喜，当然也会有一些小小的失落，"你到哪儿去了？为什么那么久没有理我呢？"但这些失落和失望并不会占据他们的内心，他们不会拒绝照顾者的接近和拥抱，孩子会享受失而复得的感觉。

这里涉及非常重要的一点，就是客体的恒常性，在这个问题上，可能认知心理学家和临床心理学家有不同的认识，本书中说的客体恒常性还是比较偏向于临床心理学家或者精神分析学说的认识。孩子大概在三岁左右会明白，父母是一个相对稳定的、独立的客体，他们不会轻易地消失，短暂的分别意味着彼此在不同的空间内存在，终有团聚的那一刻。这种感觉是一种人对客观存在的初步理解，更是一种心理上的稳定感。

但是，不安全型依恋的孩子与安全型依恋的孩子的表现是截然相反的。

不安全型依恋的孩子有很多亚型，这些孩子的共同表现是，当主要照顾者离开的时候，他们表现出很多负性的情绪，无法迅速回到他们原先所处的状态或者原先进行的活动当中，甚至直到照顾者回来，他们仍然无法回到原先的状态中，而当照顾者回来之后，他们又表现出各式各样的抗拒、冷漠，或者是一种彷徨失措的感觉，他们无法让照顾者迅速地接近自己。这些亚型分为三种：反抗型、混乱型、回避型。反抗型的婴儿会在照顾者离开后焦虑不安、大哭大叫，难以平静，而当重新见到照顾者后，反抗型的孩子往往又会表现出抗拒，这种抗拒仿佛是一种无声的对照顾者离开的"抗议"。

回避型的婴儿则对照顾者的离开似乎无动于衷，对照顾者的返回也同样冷漠，仿佛一切如常。而混乱型的婴儿会在照顾者离开后表现出最大程度的不安和恐惧，当照顾者回来后，他们又会以矛盾、无目的性的方式来回应对方。这些孩子看上去时刻处在惊惧当中。

不安全型依恋的人在婚姻当中可能会面临更多的困扰。如果以对于亲密的回避和焦虑的高低来划分，成年人又有三种不同的不安全型的依恋模式：疏离型、痴迷型和恐惧型。疏离型的人属于高亲密感回避、低焦虑的个体。他们表现得非常自立、独立，同时对亲密关系采取回避和冷漠的态度。网络中有个词汇，叫作"水泥封心"，就很适合用来描述这类人，他们看似不会为情所动，其实更像是将自己的情感隔绝起来，在两性关系中，他们的痛苦一点也不亚于对方。而痴迷型的人属于另一个极端，他们高度焦虑，却不回避亲密，他们对伴侣极度依恋，对任何有损亲密关系的事情都感到不安。恐惧型的个体呈现出高度的回避亲密和高度的焦虑，他们敏感、多疑，害怕被抛弃，对伴侣不够信任。

这些不安全依恋类型可能都和人们内心中的客体表征不稳定有关，只是他们选择了不同的情绪反应和表现形式。婚内孤独的易感人群，就是不安全型依恋的人群。但是，这并不是说安全型依恋的人就不会在婚姻中感到孤独，只是他们更善于消化这种孤独感。

再回到猴妈妈的研究当中，我们会发现，人类在一段关系当中寻求的东西是爱，并不是物质的满足，是那种温暖、包容、保护，甚至是支持，而且希望这种感受能在我们需要时就出现，就像小猴子每次喝完奶就回到布妈妈的怀抱。孤独感像是小猴子被夺走了奶瓶后的感受，无助又害怕。作为成年人，我们在婚姻中的这种感觉可能是一模一样的，不同的是我们被拿走的，或者主动离我们而去的不仅是一个具体的人，也可能是对一段关系的熟悉感。而那个人或者那段关系曾经是温暖的、健康的。

在婚姻中得不到对方回应的状况时有发生，但并不是每个人都会将这种状况视作一次严重的打击和自己被冷落的有力证明。感觉自己没有得到良好回应的时候，人们会用不同的方式去应对内心的失落，你会当对方没听到、笑嘻嘻地问他为什么不回应，还是直接放弃、不再对他有期待呢？

亮向我提起自己与惠分别时做的一个梦，梦里的惠变得陌生，不管是长相还是身材都和现实中完全不同，但他说他知道那是惠，他向惠飞奔而去，但是越奔向惠，

惠就离得越远，直到惠消失。梦醒后他内心顿感一阵恨意，他说惠就像触不到的爱人遥不可及，他恨透了这种感觉。我向他解释，也许这是他离开惠时候的感觉，即便是他心有挂念，即便是他要出差，但内心还是感觉是惠"离他而去"。他点头表示同意，并说这种感觉实在太奇怪了，为什么他总要埋怨惠。

我想借亮的例子来佐证一个观点，我们内心的感觉往往和现实并不完全一致，有时候甚至是完全相反的，特别是当我们以不安全依恋的模式和对方相处时，消极的情绪会让自己对真相不再执着，无论是何缘由，总让自己活在悲观的预期中。

依恋类型是我们与人相处时最基本的相处模式，特别是在亲密关系中。人在亲密关系中往往更容易以"真面目"示人。这倒不是说所有亲密关系中的个体都真诚可信，而是一旦动情，内心最底层的那抹颜色就会时不时地浮出水面，印染在两个人相处的画布上。

二、爱恋风格，适时调整

处在亲密关系中的人都有自己的爱恋风格，伴侣之间的相处模式是不一样的。有的人极其依赖对方，有的人独立自由，每个人都有不同的风格，这些风格有时候对一段关系质量的优劣起了决定性作用。不过，亲密关系有三个黄金法则，如果我们没有遵守好这些法则，那么，无论怎样的爱恋风格都无法使彼此的关系更进一步。

第一个法则是尊重，尊重对方对我们自己来说其实是一场修行。我们要尊重对方完整的人格，尊重对方必要的隐私，尊重对方对原生家庭的责任。可是我们总是生而不同，我们在和他人融合的过程中，总会被彼此的不同所冲击，总想把对方纳为己有，总想让对方眼里、心里都是自己。这就是爱情的代价，让别人失去自己的同时，其实我们自己也在不断地挣扎。因为想要办到这些，实在是不可能的。尊重对方与其说是我们的道德，不如说也是我们对自己的慈悲。我们要知道对方和我们是不一样的，各自的人生体验不同，必然会引起矛盾，我们无法一厢情愿地要求对方。

第二个法则是信任，世界上其实并没有绝对的信任。绝对的信任可能只存在于爱情的乌托邦里。我们大多数人都在

极端的信任和极端的不信任这根轴上不停地摇摆，直到找到自己合适的位置。从依恋类型的角度上说，安全型依恋的个体在恋爱和婚姻中更容易信任对方，而不安全型依恋的个体则更不容易信任对方。我们小时候第一个怀疑的人就是与我们无比亲密的母亲，精神分析学家克莱因有一个关于好妈妈和坏妈妈的理论。她认为很小的婴儿因为没有及时被喂养而心生不满，怨恨自己的母亲，认为自己的母亲是坏妈妈，这可能就是我们人生面临的第一个对他人的信任危机。当然，克莱因的理论来自她的观察，并没有任何一个婴儿亲口承认了自己对母亲的不信任，但是这个理论在临床心理学中有一定的地位。克莱因继续解释了婴儿将及时喂养自己的好妈妈的事实带进了被饥饿笼罩的幻想中，最终整合了好妈妈和坏妈妈。能够平复怀疑、信任对方的不是事实，而是我们对于事实的态度，将事实作为判断的黄金标准，将现实发生的事带进我们对他人毫无根据的怀疑中，才能让不必要的误解烟消云散。

第三个法则是平等。一方将另一方作为自己的附属品，无论表面上多么地依恋，都是一种病态的表现。

芸曾经喜欢将自己的生活分享到社交媒体上，如微信朋友圈、微博、抖音等，记录那些有趣的生活片段是她的习惯。但是婚后，芸的朋友圈变成了"三天可见"，微博和抖音也没有了更新，和朋友的聚会也越发少了。

芸的丈夫是她的同事，在另一个部门工作，婚后不久就做了部门的领导，在工作上的上下级关系也对婚后生活产生了影响，芸的丈夫开始像管理下属一样对待芸，对芸的态度不再温柔，他需要芸对他言听计从。一开始芸还开玩笑，说自己的丈夫充满了"爹味"，但渐渐地，玩笑似乎成了真，芸像是重新回到了童年时被支配的恐惧中，她的生活开始变得没有乐趣，就连每天吃什么、穿什么都有无穷无尽的"我是为了你好"。

芸说，其实丈夫很爱自己，可是她感觉自己快喘不过气来了，她不知道这种感觉可以向谁诉说，如果丈夫知道了，应该会很伤心吧。

芸的丈夫将工作中的上下级关系带到了婚姻中，我们当然可以分析这种关系是他们的依恋模式造成的，一个高焦虑的个体，渴望着亲密，控制对方是很常见的，但是，如果抛开这一层，我们可以看到芸的妥协和退让，正是这些让她在

婚姻中感受到孤独和无助。是的，婚姻中的平等靠的从来都不是乞求和给予，而是彼此间的自我克制和争取。

只有当我们将这些法则带入婚姻，我们才有希望通过调整以往的爱恋风格来改善亲密关系。

爱恋风格是社会学家约翰·艾伦·李提出的一个关于两性相处的理论，他认为人们的爱恋风格主要有情欲之爱、游戏之爱、友谊之爱、狂热之爱、利他之爱、现实之爱六种形态。

情欲之爱是重视外在吸引力的爱，具有浪漫特征，靠激情维持。

游戏之爱是将爱情与责任剥离，只重视过程，不重视结果，将爱情看作一场游戏。游戏之爱是没有责任和未来憧憬的爱。

友谊之爱是平淡但比较稳定的感情。一致的价值观和对未来的憧憬是关系的主轴。这种爱情比较长久，但缺乏激情。

狂热之爱是占有欲比较强的爱情，这类人对爱情抱有非常高的期望，会向对方提出很多强制性的要求，如果对方不能满足其要求，就会产生不安全感。

利他之爱是全心全意地为他人着想的爱，是不求回报的爱，是一种"只要你过得比我好"的无怨无悔。金庸的小说

《鹿鼎记》中有一个虚构的人物叫胡逸之，这个人物出场很少，却是不折不扣的情痴，他年轻时相貌俊美、刀法了得，人称"美刀王"，因爱慕小说中的人物陈圆圆，假扮其仆从二十余年，暗中保护她，从未有半点越矩之心。

现实之爱则需要足够的务实和理智，将对方的身家背景作为爱恋的基本条件。我们在很多偶像剧中都会发现这么一号人物，他们择偶的首要标准并不是情感的激荡、性格的契合，而是门当户对。

如果将这六种爱恋风格带入生活中，我们就会发现没有一种爱恋风格称得上是健康的，更不用说是完美的。如果我们真的以其中任何一种爱恋风格和我们的伴侣相处，那么无疑将会是一场悲剧。这是不是就说明这种分类是毫无意义的呢？并不是。我们可以把这六种风格看成是我们在爱情或者婚姻生活中的不同体验。

总的来说，安全型依恋的个体对爱人更忠诚，也更亲密，他们愿意交流，也愿意付出。而且他们在生活中能够体验到更多的激情和喜悦，无论是心灵上的还是身体上的。他们也更愿意照顾他人，能够感受他人的情绪。但是，这并不说明他们就是所谓的"六边形战士"，拥有在生活中将这六种爱恋风格融会贯通的能力。更多的情况是，我们在生活

中时刻关注婚姻中双方的状态，适时地调整自己的爱恋风格。如果婚姻中尽是生活的"柴米油盐酱醋茶"，会感觉单调乏味，那么试试看给生活加点其他的色彩，可以是一顿浪漫的烛光晚餐，一场相拥而泣的对谈，或是一次激情澎湃的性爱。

我有个常年健身的朋友，他告诉我如果一个动作做了千万次都不能让你想要变结实的肌肉有变化，那么换一个动作，效果可能就会出现。对于爱恋风格的态度也该如此，如果我们在婚姻中太过孤独，且一直没有改变，那么是时候改变你的风格了，减少一些僵化的、无用的部分，增加一些新鲜的、有趣的成分。

亮听了我的这套理论后，开始反思自己，他和惠相识于少年时期，他们曾经无话不说，太过熟悉彼此。有时候他们太过自信地以为自己知道对方要什么，其实不然。这种熟悉感让亮有时候忘记了他们是两个不一样的人，也让他们忘了，除了父母这一角色外，他们还是情侣、是夫妻，正是因为这种忽略，当需要制造浪漫来点缀婚姻的时候，他们显得无能为力。亮开始重新拾起年轻时的状态，他显得不那么木讷和笨拙了，和惠出门时也会打扮一下自己，让自己的状态像是去赴一场约会。他会时不时地买花回家送给惠，有一次他错买了康乃馨，还被惠嘲笑成"傻大儿"，亮则开玩笑地说惠还没老成"黄脸婆"。亮也会经常说一些笑话来逗惠，他不再抱怨惠总黏着孩子。他们的身份不再那么刻板单一，亮是爸爸，惠是妈妈。有时候亮是情郎，惠是情娘，身体的欲望不再让亮感觉羞耻难熬，惠也在一点点地接受亮的变化，她自己也在变化。

亮说他熟悉的惠回来一大半了，他在婚姻中无助孤独的感觉也走了一大半。

依恋模式就像是精装修的房子，要去改动这个房子的结构是非常困难的，而爱恋风格则是这个房子的软装，我们可以适时地做出调整。婚姻生活中的孤独感有时是因为我们住的房子没有高质量的硬装，又不愿提供漂亮的软装；有时是因为漂亮的软装并不能遮盖硬装的缺憾；有时则是因为我们住进了一栋没有软装的房子，再好的硬装都不能使房间变得温馨。

调整爱恋风格需要我们专注于自身在关系中的感受，也需要我们能够理解对方的感受。这种调整和改变的基础不是

单方面的意愿和努力，需要夫妻双方共同付出。有时候，我们会过于强调一个人在婚姻中的重要性，其实无论是丈夫还是妻子，都是这段关系的参与者，都有责任为这段关系的健康做出努力。

第四章　不同的寂寞，同一种孤独

在地铁上，一对年轻情侣发生了争吵，男生拉着女生的袖口，试图让她冷静，不要再手舞足蹈。他弯着腰，仿佛在乞求女生小点声。男生自己说话很小声，整个车厢里都是女生的声音。这一幕其实很奇妙，这一刻这两个人到底谁会感觉孤独呢？是那个努力维持颜面和秩序却得不到回应的男生，还是那个情绪已经失控却不被安慰的女生？

一、男女的不同

虽然有文献显示男性比女性更少地体会到孤独感，但我们不禁要问"这是真的吗？"在回答这个问题之前，我想简单讲一下男女之间的一些不同。

有本畅销书叫《男人来自火星，女人来自金星》，男女在沟通的时候，似乎对方都是有着巨大差异的"外星人"。随着时代的变迁，我们虽然已经能够理解，绝大部分的男女差异是在成长过程中受到社会和文化影响的性别刻板印象所造成的。但是，我们仍然不能否认或者无视这些差异。并且我们也要认识到，消除这种差异可能需要很长的时间，相关观念的改变也并不是简单的教育就能实现的。我曾提到过，在婚姻制度建立的过程中，人们经历了从"无性繁殖（想象）"到"有性繁殖"认识的改变，性在繁殖中扮演了极为重要的角色，也在男女地位变化中扮演了重要的角色。男性正是意识到子嗣与自己有关，并随着生产方式的改变、获取社会资源的增加，一步步地将女性变成了自己的从属。有研究者提出过一些大胆的想象，当人类的有性繁殖能力开始退化，当科学技术达到一定水平，当我们的伦理观点发生根本改变的时候，科技上的"无性繁殖"就会出现，伴随而来的会是另一个两性之间的平权时代。

惠从小就被教育应该做一个贤妻良母，小时候的她并不知道怎样做才是贤妻良母，也许要像她的妈妈一样在家里勤勤恳恳、任劳任怨；也许要像她的奶奶一样举

止端庄、温柔贤淑。她记得在她很小的时候，一家人原本其乐融融地吃着晚饭，忘了因为什么她很兴奋，大笑的时候露出了嘴里没有咀嚼完的食物。她的奶奶非常生气，指责她没有规矩，不像女孩。她伤心又好奇，觉得很无辜，为什么她要挨骂？什么样才算是一个女孩的样子呢？她觉得委屈，但是没有人向她解释，可能对很多人来说，"女孩就要有女孩的样子"是一种常识和真理，所谓女孩子应该有的样子也深深地刻在每个人的大脑中，那是不言自明的。他们觉得"温良恭俭让"是唯一的标准，他们用这些抽象的概念告诉惠，这是她应该变成的样子，而且用一个一个具体的规矩告诉她什么事不能做。

惠在和亮的婚姻中也常常感觉压抑，仿佛总有个无声的要求萦绕在她耳边。伤心时她不能大哭，愤怒时她不能爆发，被指责时她不能反驳，劳累时她不能休息，仿佛只有这样她才算是一个好妻子、好妈妈。

精神分析学说可能是所有心理学理论中最强调母亲作用的一个。长久以来，这个理论被女权主义者所厌恶，也被不认同这个理论的其他心理学专家所抵触。一位心理督导师曾这样评价一位来访者的母亲："她冷漠且拒绝，深陷在自己的情绪中，对待自己的孩子冷若冰霜，没有办法让孩子体会到爱。"一位精神科医生听完这段话后，气愤地和我说："怎么什么都是妈妈的错！"很抱歉，在长期的父权文化中，人们习惯性地认为孩子出了问题就是妈妈的错，因为父亲（并不是具体的某个父亲）不用承担养育孩子的责任，他的世界"被安排"在了家庭之外。而人的逻辑就是如此荒诞，如果有人没有做好别人需要他们承担的事，那么这一定是他们的责任。没人会在乎这件事应不应该只是他们的责任。

当然，精神分析学说有其理论的特点和自洽的逻辑。但是，从以"母亲－婴儿关系"为核心的理论中，我们似乎可以看到男性游离在家庭之外才是一种常态。

　　惠觉得亮和其他男性不同，这是她嫁给亮的主要原因，亮的身上没有那么多大男子主义的特征，亮很尊重她，但是惠仍然觉得这样不够。当他们发生矛盾时，亮总要讲道理，似乎不能第一时间察觉惠正在生气；当惠在外受到不公平对待而寻求安慰时，亮总要提出自己的想法，似乎默认了惠已经足够坚强，遇到任何事都可以波澜不惊；当惠强忍着怒火回应亮的时候，他又会变得

异常沉默，仿佛想立即从这情绪的漩涡当中逃离。

我的大部分访客都是女性，她们也有类似的抱怨，她们的伴侣似乎都不明白，她们有时候只是想要情绪的安抚，而不是有人为她们出谋划策。而她们的伴侣察觉不到这些，他们只会因为自己的奇思妙想、逻辑缜密而沾沾自喜，却丝毫没有注意到她们脸上失望的表情和逐渐"暴走"的情绪。

长久以来，在情绪上，女性被要求压抑自己，虽然看似她们可以有更多表达的机会，但是也承担更多的污名，多有类似"疯婆子"的描述。一个男人如果情绪多变，也会被认为是"娘们儿"或者"娘娘腔"。而在认知上，她们好像天然就被认为是有短板的，她们不够理性，也不用期待一个女性会理性思考。休谟认为女性天生对历史兴趣索然，康德更是嘲笑女性对知识的兴趣会减弱她们身上固有的优美的女性气质。讽刺的是，休谟还被认为是与女性主义崛起息息相关的哲学家之一。在情绪上，男性似乎没有表达的空间，他们甚至不被允许体会情绪，"断情绝爱"好像才是男人的最终归宿。在认知上，很多男性被要求理性务实，任何天马行空的想法都会被认为过于浪漫，并且这种浪漫被归结于（污名化于）"和女人一样"。在此，我并不认为情绪和认知、感情和理性是非此即彼的关系，它们更像是两条不同的路径，男女被要求在不同的道路上奔跑，自然也就不会有什么交集。

很多时候，我们都能发现女性在谈论情绪，而男性在谈论事实。

我们可以想象一个画面：一个男孩跟一个女孩吵架，男孩想要讲道理，女孩想得到安慰和理解。男孩的表现让女孩失望，而说不明白自己想法的男孩变得气急败坏，他的声音越来越大。在女孩看来，男孩的每句话都是在怒吼，没有任何其他的意义。在这个场景里，我们可以发现：男孩急迫地想把自己的逻辑和想法说清楚，这是他的头等大事；而女孩只是想让男孩看到自己内心涌现又无法自由宣泄的情绪。女孩听到的是男孩的音量和态度，这些都像是禁止她情绪表达和拒绝共情的信号。这样的两个人是没有办法沟通的。

男女的另一个不同在于，男性似乎更热衷于竞争，并对失败耿耿于怀。这是很多动物共同的特性。在进化的过程中，交配权是作为一种生物学特性而存在的。我们在狼群、猴群当中还可以清楚地观察到，只有最强的雄性才拥有交配的权利。这种生物学特性一开始与社会期待、刻板印象并没有什么关系，主要在物种繁衍中体现，这是优良基因才有资格得以保全的一种达尔文式的进化需求。雄性孔雀为了占有交配

权，才会争奇斗艳，开出美丽的孔雀屏。而人类似乎更加的复杂，长久以来的父权文化强化了男性对于竞争的积极性。这一部分是社会强加在男性身上的枷锁，男性必须身体健康（最好是强壮），具有攻击性，性格坚毅、声音低沉有力、举止落落大方、做事雷厉风行。这样的形象符合性别刻板印象中的男性形象，这样的男性更像是一个能够在竞争中获得胜利的强者。而任何有违这种形象的表现，哪怕稍有不符，都会被认为缺乏"阳刚之气"。

回到竞争的话题上，男性的竞争已经不再是男性之间的竞争，已经逐渐泛化为广泛的竞争，有些竞争即便受到了性别刻板印象的压抑，但仍刻画在了男性的基因中。有研究表明，比起女性，男性更喜欢在无人知晓的情况下照镜子，关注自己的外表。这是因为，社会似乎要求一个男人不要在乎自己的外表，然而，男性保留着和雄性孔雀一样关注自身美好形象的"基因"，也寄希望于这种美所带来的权益。

亮常被认为性格优柔寡断，不够坚毅果决。惠说亮身上并没有让人真的感觉讨厌和害怕的部分，他不大男子主义，似乎没有攻击性，这是惠所看中的。他们夫妻间有矛盾发生的时候，再如何气愤不满，亮最多也就是涨红着脸生闷气，既不会破口大骂，也不会伤心落泪。他的每一个动作都在掩饰内心的怒火，也试图浇灭这升腾的火焰。亮似乎也没有主见，总是询问惠如何处理琐碎家务。惠说，这样的亮显得有点懦弱，换作别人，可能会认为亮没有所谓的"男子气概"。但是，当他们交流不畅时，亮又像一个偏执的小孩，他会一遍一遍地讲述自己的道理或者立场，并且不断询问惠他的说法对不对、有没有道理，他需要惠对他的观点心悦诚服。如果惠阐述自己的观点，无论对错亮都会反驳几句，像是在彰显自己的绝对正确，在气氛达到愤怒的阈值之前，他们的对话就像是一场需要一决胜负的辩论赛。惠对这时候的亮感到无可奈何，她感觉亮有时候太过脆弱，需要被她捧在手心里，有时候她宁愿认输来阻止事情变得严重。

长久以来，男性是恐惧失败的。从基因的角度，失败的代价太过严重，而从性别刻板印象的角度，失败也是不能被接受的。欧美文化中，那些生活中的男性失败者常被称为"loser"（失败者），这个词对男性来说是一种嘲弄，也具有一定的侮辱性，但是这个单词不太会被用来形容女性。

这种骨子里的胜负欲与生俱来，这种对于胜利的渴求让他们变得不管不顾，而对于失败的畏惧也让他们敏感脆弱。这可能就是惠觉得亮需要被捧在手心里的原因吧。

我们也许听过某些"争风吃醋"的故事，就误以为女性更容易嫉妒、更有竞争欲，其实女性并没有如男性般的竞争欲。从进化的角度理解，女性并没有像男性一样竞争生育权的必要，她们是被求偶的对象，当然这并不意味着女性不竞争，而是女性之间的竞争不涉及那样严重的后果。从这个角度上说，大自然对于女性是偏爱的。但是，长久以来的父权社会造成了一个矛盾的现象，女性在父权社会中可获取的资源相对匮乏，她们需要相互竞争以获得这些资源。在封建社会，资源大多掌握在男性手中，社会规则也是由男性制定的。电视剧《甄嬛传》的剧情就是围绕多个女性如何争取皇帝的宠爱，以获得更高的地位展开的。而在当时的氛围里，男性又要求女性彼此谦让、和睦共处，古人休妻的"七出"中就有"善妒"这一条。男性不允许女性有和竞争或者胜负欲相关的任何情绪，这就造成了女性对待竞争的态度与男性不同，女性将竞争看成一种不得不的选择，而男性总无意识地参与其中。

男性和女性的第三个区别就是关于独立能力和自由的需

求。这里我想借用认知心理学中的外显和内隐两个概念来阐述，外显就是我们可以通过自我觉察而感觉得到的那部分，内隐则是我们无法通过这种自我觉察而感觉得到的。通过这两个概念我想说明，男性在外显层面上确实是更需要自由，也更有独立能力的。而在内隐层面上，并不一定如此。如果我们采访男性，问他们是否觉得自己放荡不羁爱自由，可能会比采访女性得到更多肯定的结果，男性总觉得自己向往自由，也更偏向于认为自己有能力不依附于他人。有些人因此做出一些解释，他们认为男性不喜欢扎堆，习惯根据自身判断做出选择；而女性则不同，她们常常三五成群，或者人云亦云。其实，这种外显的对于自由的向往和独处的能力更有可能是社会期待和性别刻板印象所造成的。长期以来，男性被要求自力更生，而女性被要求遵守"三从四德"。好在这样的结果正在发生变化，有研究发现男性也许还是老样子，既需要符合男性的社会期待，又保留着性别刻板印象所要求的特质，但是女性有了变化，她们不再那么"尊崇"性别刻板印象的要求了。也许骨子里男女对于自由的渴望都是真切的，但是，从内隐的角度来看，女性也许更具有独立的能力。我们重新回到进化的角度来理解，原始社会中的狩猎活动就是一种集体活动，男性单独狩猎的成功率实在太低了，而女

性从事的活动则更倾向于单人劳作，这是烙印在基因中的部分。

　　大家应该已经发现，我们是顺着两个不同的逻辑在解释男女有别这个话题的，一个是从进化的角度，另一个是从社会期待的角度。当然，可能还有一个原因，那就是男性和女性大脑的工作方式不同，但是这个问题一直颇有争议。我们实在无法解释清楚，是大脑工作方式的不同造就了男女之间的差异，还是男女之间的不同造就了我们大脑工作方式的差异。当然，男女之间还有大量的差异，只是上述的差异对于我们感知孤独感有着重要的影响。感性和理性的思维方式、对于竞争的态度、对于自由的向往和独立的能力都造成了婚姻中的互相指责和埋怨、误解和纷争，也造成了婚姻中的双方渐行渐远，逐渐孤独。

　　从上文中，我们发现男性其实也很孤独，故事中的男主人公亮便是如此。可是，若不是亮自己提起，他的夫人惠也许永远也体会不到亮内心的那一丝失望和无力。男人的孤独像是掉在角落里的衬衫纽扣，重要却难以发现。这是为什么呢？

二、男性的孤独也应被看见

我的一个男性学生曾经立志要成为一名心理咨询师。他从研究生阶段开始接受我的督导，在一开始的两三个月中，他都固定地接待同一个个案，然后我们会一起讨论这个个案。有趣的是，哪怕数次讨论之后，他仍只描述这个个案的每周经历、过往历史、人际关系，几乎听不到他对这个个案的感觉。我曾好几次问他听到那些故事时的感觉是如何的，他对自己的个案有什么感觉。但我听到的答案都出奇地一致，那就是"不知道"。

有一次，我实在好奇，难道这么久的咨询对他来说真的一点感触都没有吗？

我问他："如果在生活当中，有一个人告诉你一些不愉快的事情，你会怎么回应他？"

他说："我会告诉他要坚强，要努力去面对。"

我问他："那你从来都不好奇他为什么要把这么不愉快的事情告诉你吗？"

他说："也许对方只是想找一个人说一说。"

我继续问他："你没有感受到他信任你，想要从你

这边获得一些支持和回应吗？"

他反复呢喃着"支持"两字，然后若有所思地和我说："他需要怎样的支持？我又不能真正为他做什么。"

"当然是在感受上的支持啊，让这个人不再感觉自己是一个人，不用孤零零地承受心里的痛苦，让他知道，在这个世界上有一个人愿意倾听和陪伴他。"

但是，这位学生并不能在感受层面接待来访者。这个男生现在已经不再从事心理咨询方面的工作了。

也许这就是所谓的"钢铁直男"吧。我的另一位朋友在感受层面的能力也颇为欠缺。有一天，他告诉我他分手了，原因是跟对方没法交流。他和我分享了与前女友间的一桩事。有一次，他们看了一条社会新闻，新闻的当事人阴差阳错地遭遇了很多糟心事，导致如今生活困苦，他的前女友为当事人的遭遇鸣不平，很是生气。我的朋友却并没有这样的感觉，反而开始分析新闻里面当事人将自己的日子过成如此田地的各种原因，正在他得意扬扬，觉得自己逻辑缜密、思维活跃的时候，他的女朋友却更生气了，指责他冷血至极，根本体会不到人间疾苦，也无法同情他人，只会大放厥词。这位朋友伤心地说，类似的事在这段感情中时有发生，他的前女友经常指责他像是一块冰块，冰冷又坚硬。他感觉很无辜，在他的观念中，分析和解决问题难道不应该才是第一选择吗？

很多男性确实将自己的注意力放在了这方面，对他们来说，感受情绪是浪费时间和没有价值的。我们再举一些例子，在观看影视作品的时候，男性观剧的重点往往是剧情，而吸引女性的往往是剧中丰富错乱的感情线。曾经有人对一部爱情片做过统计，这部电影的票房有七成是女性观众贡献的，而电影评分网站上的差评有六成是男性观众"贡献"的。即便这部电影中的男女演员"颜值在线"，其夸张的剧情依旧弥补不了男性观众对电影的失望。一位警匪片导演曾经说，他的电影更注重剧情和逻辑，其中的感情线只是为了让女性观众愿意陪着她们的伴侣走进电影院。

难道男性真的就天生没有感受能力吗？这应该也是一种误解吧，这种误解就和我们认为女性没有逻辑推理能力一样。

我的一位督导是挪威人，他给我讲过他刚踏入这个行业时发生的故事。他在三十多岁时开始接受一位女性督导师的督导，第一次工作就对他产生了不小的冲击。当他汇报完个案时，他的督导对他说："我觉得你不应该选择这个职业，你知道的，女人才有敏锐的情感，更能理解别人内心发生的事。你是个男人，这对你来说太难了。"在他年轻的时候，

欧美地区的女权运动刚刚开始，他在那一刻感觉到了女性对男性的误解和歧视。他对我说，曾经有一段时间他拼命工作，仿佛是对这位督导进行抗议，他需要证明自己能够胜任心理咨询师这个工作。好在那段时间并没有持续太久，因为向别人证明自己的能力其实并没有多少意义，反而会让人迷失自己。但是，这也让他明白，世俗地理解男女是颇有局限的，特别是理解和看待异性时的态度，我们总是想当然地把男人想成这样、把女人想成那样。

在我的工作中，我得出了一个结论：男性也许并不是真的不能感受，而是压抑或者忽略了感受，包括对于孤独的感受。这不仅导致他们忽略了别人，也让他们忽略了自己。但无论如何，孤独感还是在那里，男性只是下意识地忽略了这种感受。

心理学中有个概念叫作防御机制，防御机制可以说是一种心理的保护机制，我们每个人都有属于我们自己的防御机制。在日常生活中，当我们面临烦恼、挫折时，防御机制发挥着保护我们心理的作用。对男性来说，感受孤独是弱者的表现，男性是不愿意让自己成为弱者的，与生俱来的胜负欲让他们努力地乔装打扮自己，好让自己看起来无坚不摧。所以，当孤独的感受到来时，防御机制就开始发挥作用。在我看来，男性在婚姻中忽视孤独感是一种压抑的防御机制，他们将这种感觉深深地埋藏在潜意识里，不去感觉它的存在。

而另一种防御机制就是补偿，男性以其他形式来弥补他在婚姻中的孤独感。很多人可能会下意识地认为这是男人出轨的原因，在这里我必须澄清一下，这并不是，至少不是主要原因。男性作为一种更喜欢群居的动物，他们有很多方式来弥补婚姻中的孤独感。

如果大家还记得，我在上文曾提到过，相比于女性，男性更热衷集体活动，而且男性的独处能力可能远不及女性。并且我认为这些是我们的男性祖先为了更高的野外狩猎的成功率而必须选择的一种行为模式。如果我们细致地观察一下身边的男性，就会发现一开始他们最好的朋友往往是同学、舍友、战友，后来他们身边会逐渐出现"车友""牌友""酒友""健友""钓友"等。有人看似爱上了摩托车，其实他们更喜欢的是周末和朋友三五成群地出门骑行；有人看似爱上了钓鱼，但他更享受坐在岸边和几个钓友吹牛闲聊。这是男性的第一种补偿方式，就是建立更广的人际关系。我的一个喜欢健身的朋友曾解释为什么他健身数年，把大把的时间花在健身房里却没有一点训练成果，因为他去健身房只做三件事：聊天、踩椭圆机、洗澡。并且他对如何增肌减脂毫无

兴趣，对他来说，也许聊天才是头等大事，因为这样能交到朋友。

第二种补偿方式就是发展出各种各样的兴趣来。有人总结了中年男性最常见的三个爱好：玩手串、听黑胶唱片、骑摩托。他们认为这是男人抵抗中年危机的方式。我认为这样的解读还是保守了，何止是中年男性，为了躲避现实的孤独，各个年龄段的男性都可能沉浸在自己的兴趣中无法自拔。这些兴趣可能并不有趣，但是一定会让他们花费时间和精力。可悲的是，据我的观察，现在很多二十出头的年轻人也开始沉迷于这些活动。

　　亮在和惠表露自己的孤独感失败后，就喜欢上了黑胶唱片。亮每周都要去店里"打卡"，而且每次去都能坐一下午。这个年代还会来唱片店的大多是真正的爱好者，毕竟网络上的付费高清版本已经不逊色于传统的音像制品。一开始亮在这方面算是新手，常在老板和顾客们的聊天中学习关于黑胶唱片的知识。他和我说："你知道吗？日版的 CD（激光唱片）一般比其他版本的 CD 多两首歌，日本人精明啊，不管谁要在日本发行唱片，都要多给他们的听众一两首其他地区没有的歌作为赠品。"他说起这些关于黑胶唱片或者 CD 的知识时总是充满激情，不像是那个在婚姻中被忽略的丈夫。好像自从亮喜欢上黑胶唱片之后，他也不再抱怨他的婚姻生活了，好像那些孤独的感觉也不再重要。有一天，他得意扬扬地和我说，他在这方面已经有了一定的收藏，家里的书架摆满了黑胶唱片，我点点头表示赞许。他接着说，"惠对此不太高兴，她觉得我买的唱片太多了"。我看着他，半开玩笑地说："你家惠可能觉得她自己的地位被你那些黑胶唱片给取代了吧。"他听后愣了一下，接着哈哈大笑。也许这就是他爱上黑胶唱片的原因吧。

第三种补偿方式是将自己的心思花在孩子身上。我们常常认为"丧偶式教育"是母亲的专属，这并不正确。男性也会将自己的注意力放在孩子身上。当然，男性和女性采取这种行为的原因和方式是不同的。对女性来说，社会的期待和丈夫的不管不顾是重要原因；但是对男性来说，这也许是无法体会妻子的温存，又无处可去、无事可做的无奈之举。这样的补偿方式并不多见，从生物学的角度来说，灵长类雄性动物较少照顾幼崽。这有一部分是由激素水平等因素所决定的，女性体内分泌的孕激素会让母亲天然地和孩子亲近。如

果一个男性醉心于带孩子,那么他肯定是遇上什么烦心事了。当然,如果一个男人突然醉心于工作,那么也许他也在利用自己的事业来弥补家庭中的孤独感吧。

当男性感到孤独时,他们不会到处和人诉说。但是,如果观察他们的行为,我们就能对他的状况略知一二。他们或者打游戏,或者隔三岔五地喝酒、打牌,或者不停地加班,或者为了自己的事业成功而忙忙碌碌。在某种程度上,他们用各种方式把自己独处的时间填满了,用这样或者那样的方式来补偿自己的孤独。我曾听到一位朋友这样总结:有些所谓的成功人士是孤独的、不幸的,并不是高处不胜寒,是因为他们除了工作无事可做。我还听到另一位朋友对酒瘾患者做了这样的分析:他们其实挺可怜的,只有把自己灌醉了,时间才能走得飞快。这两位朋友说得都太过绝对而让人不悦,但是我们也无法否认,他们所说的也正在我们身边发生着。

当男性体验到了不被理解、不被包容,他们也会非常孤独。只是他们会一如既往地用一桩一桩的事情去填满他们的孤独时间。有首歌的歌词唱得在理:"男人哭吧哭吧哭吧不是罪,再强的人也有权利去疲惫,微笑背后若只剩心碎,做人何必撑得那么狼狈。男人哭吧哭吧哭吧不是罪,尝尝阔别

已久眼泪的滋味。"男性应该没有顾虑地体验自己的孤独，
也应该让伴侣看见自己的孤独。

三、戳破两颗心灵之间的纱

　　人和人之间最大的遗憾就是并不能真正地心意相通，要
理解他人往往需要花费巨大的力气。当然，有时候我们也会
发现，越是亲近的人越是无法理解对方的痛苦，这可能是因
为对方的痛苦大多和我们自己相关吧。我们总在询问：为什
么我感觉不到对方的孤独呢？我们之间好像隔了一些什么。
我们和亲近的人之间大多会有这样的感觉，因为了解，所以
好像看透了，但是照进对方内心的阳光又被什么东西阻挡在
了外面。怎么才能戳破这层遮光的薄纱呢？我想从认知、情
感、行动三方面来回答。

　　首先是认知，特别是彼此对于婚姻中亲密关系的不同认
知。早些年我参加过一个督导，案例的主人公是一位性生活
不和谐的中年女性。这位女性的丈夫工作忙碌，常常早出晚
归，在咨询中，这位女性抱怨自己的丈夫很久都没有和她亲
热，她虽然能够理解丈夫工作太过劳累，但是心中还是颇有

怨怼。咨询师很是疑惑，他认为这位女性已经理解了丈夫的难处，为什么还揪着性生活的问题不肯放手。其实，这里涉及的问题已经在上文中反复提及，这是男性和女性在生物进化过程中造成的不同。男性更关注于性的结果和快感，女性则不一样，女性更关注的是性爱的过程和感受，性对女性来说并不是满意与否，而是在过程中男性投入与否。性对女性来说就是关系本身的缩影。

男性和女性对于很多事情的理解有着一定的偏差，而我们要关注的就是对于偏差的互相理解。上文中的女性从来没有试着让自己的丈夫知道她对性生活这件事的真正想法，她一次次地要求疲惫的丈夫与她靠近，力不从心的丈夫总是敷衍了事，这就更加深了妻子的猜测：她的丈夫对她的感情已经变淡，只有她一个人还坚守在两个人的关系中。

而这位丈夫同样有抱怨，他觉得性只是生活的调味剂，并没有多余的意义。他不明白，为什么自己辛苦工作一天后还要在疲惫不堪的状态下满足妻子的需求。他埋怨妻子不心疼自己，把自己看作不知疲倦的永动机。

他们两人也许从来没有在性这个议题上达成共识，这种共识并不只关系到性生活本身，也是他们对性在他们关系中作用的认知。这种认知不仅在于对事物的理解，也需要觉察到彼此理解的差异。认知是我们采取行为的基础。没有对彼此理解差异的认知会让我们像无头苍蝇一样四处碰壁。夫妻之间不仅要专注在共同的事业、爱好中，也需要坦诚地面对对于某件事物理解的差异。这位妻子艰难地向自己的丈夫讲述，自己对于性的需求是想反复确认他们的关系。一开始这位丈夫觉得匪夷所思，这并不在他理解的范围内。丈夫也承认自己对妻子的关心确实不如从前，他反思着如何能够让妻子感觉到他在婚姻中的存在。对他们来说，这就是一切的开始。

其次是在情感上。一位妻子向我埋怨她的丈夫是一块木头，从来不和她说半句甜言蜜语，这使得她一度怀疑丈夫并不爱自己。有一次，她和闺蜜聚会，回家时丈夫已经入睡，她在丈夫耳边低语了几句情话，观察到丈夫的眼角微动，似乎听到了她的告白。她高兴地想要听到丈夫的回应，而等到的却是一阵阵呼噜声。情感上的不确认会让夫妻间的隔阂越来越深。人类初生时将情感全部寄托在抚养者身上，他们需要食物，当然也需要情感的回应。有研究者对恒河猴进行了实验。他将恒河猴幼崽全部实行自动化喂养，让他们只能得到食物，而无法与其他生物有任何互动。最终，这些猴子少有成年，即便成年也无法与其他的恒河猴有社会化沟通。这

位研究者名叫哈利·哈洛，我们在上文中提过他。在哈洛的自传中，他的母亲似乎和他设计的自动化喂养器械一样冷漠。他设计的实验残忍而冷血，而他自己的人生也充满了悲剧色彩，据说他嗜酒如命，总是郁郁寡欢，最终英年早逝。

在家庭中，情感上得不到回应同样是可怕的。抱怨丈夫的妻子努力地想要得到丈夫的回应，这是人类情感沟通的本能，这无可厚非。但是，如果我们采访一下这位丈夫，也许他也会觉得无辜，因为对他来说，他已经尽可能地回应了妻子的爱意。这位丈夫这样说道："我努力给她创造更好的生活条件，给她我能给的自由，我不知道怎么才能说出肉麻的话，但我知道她是如何对我的，所以我想做更多就是一种回报吧。"大家注意，这位丈夫甚至没法在他的回应中说出"爱"这个字。不过他确实做到了他认为的回应。

人际关系中有一条白金法则——别人需要你怎么对他们，你就怎么对他们。这位丈夫并没有做到这一点，他无法像他妻子期待的那样回应妻子的爱。每个人都有自己的局限性，而这种局限性并不是一说出来就可以立马得到改善的。相反，一旦我们知道了这个局限性，我们更可能敬而远之。这位丈夫在情感上是能够感知的，他的局限性在于语言的表达，这些他都知道，所以他尽可能地不用语言来表达。他能做的就是行动、行动、再行动，只可惜这些对于妻子来说是不够的。我们无法去责怪这位丈夫在用语言表达爱这方面的愚笨，只是我们有必要提醒这位丈夫关注妻子情感需求的必要性。没有感情作为基础，那么这一切就像是一个机械化的母亲，她只会将奶瓶塞进孩子的嘴里，但是从不抱起自己的孩子、轻抚孩子的脊背，更不会对着孩子温柔地呢喃。对这个孩子来说，这个母亲是冰冷没有回应的；对这位妻子来说，这种冰冷的感觉是一样的。

当然，对于情感的回应并不一定是语言，也可以是亲密的举止。一些研究发现，被母亲搂入怀中的生病的婴儿会更早康复。贴近母亲、倾听母亲的心跳似乎有着神奇的魔力。母亲确实用自己的行为回应着婴儿脆弱时对她的需要。

最后当然就是行动。对于行动的必要性，我认为已经无须多言了。我的一位朋友曾经和我一起短途旅游，在飞机上他就和我说，想给他的夫人带一件当地的物品作为伴手礼。但是，一下飞机，坐上大巴，他就把这件事抛到脑后了。在接下来三天的行程中，我们把当地出名的景点都走了一遍，到了机场他突然想起了什么，满机场地找特产店。他每次与妻子说起甜言蜜语时都腻歪且夸张，在情感的回应方面，和上文中的丈夫简直有着云泥之别。但是，他很少会真的付诸

行动，常常把妻子交代给他的事忘得一干二净。他的妻子对他"惊人"的记忆力无可奈何。我一度以为他对自己的妻子并不看重，直到有一天他妻子生病住院，他坐在烧烤店喝闷酒，担心得差点哭出来。我好奇地问他，这么担心为什么不自己去照顾妻子。他伤心地告诉我，他什么都做不好，去了只会添麻烦。我的这位朋友真是"情感上的巨人，行动上的矮子"！只是这样的"情感巨人"并没有让他的妻子感受到足够的安全感，他的妻子最终还是爆发了。别人会因为我们懒于行动而对我们灰心丧气。在两性相处中，特别是婚姻中，并不能唯心地认为"我思故我在"。我们的行动让对方受益、快乐，那么我们就能够被对方感受到真实存在。我常会给一些前来咨询的伴侣提一条建议：亲密感需要用身体来表达。这需要伴侣有亲密的举止，也需要他们用行动来表达对对方的关心、支持和爱，而不单单是甜言蜜语。

另外，我们还需要关注对方的内心需求。在婚姻中，无论男女，很重要的一点就是，我们都希望对方懂我们、理解我们，多一丝宽容，少一些误解。可是，有时候情绪就是一面哈哈镜，特别是当我们面对伴侣的时候。它会把一些事情变得面目全非。所以，我们不要在情绪的风暴中去理解对方、解读对方。心理学中有一个概念叫作投射，投射就是将自己的观念加到他人身上的倾向。这是一种常见的心理现象，在后面的文章中我会再次提及这个概念。一般我们在情绪激动时会投射出很多负面的情绪，上文中，我们提到了亮和惠沟通的片段，亮听出了惠语气中的不悦，觉得惠不愿意沟通，就开始默不作声，其实更可能是亮自己无法承受惠的诘问。这就是情绪中的我们自己制造的哈哈镜。

我们更该应用我们的所见所闻去理解对方，有时候我们需要在当下或者过后不断地跟对方确认他们当时的状态和想法，而不是自己揣测，当然这并不容易，需要练习。

在我们理解对方的时候，我们要考虑到每个人都是不一样的，每个人都有自己的认知和固有的思维习惯。我们要放弃把对方打造成和我们一样的人的想法。我们要允许对方与我们不一样，允许对方的意见跟我们完完全全不一样。但是，还有一个原则我们也要把握，就是我们也要完完全全地呈现自己。这是婚姻生活，而不是职场。如果你害怕对方因为你们之间的不同而减少对你的爱，不敢展现真实的自己，那么在这样的婚姻中，你也只能独自品尝孤独。

此外，我们还应该从旁观者的角度去理解。心理咨询中有一项技术叫作悬浮注意。在此我借用一下悬浮注意的解释，当我们在思考婚姻或是自身的感受时，我们要跳出当下的情

绪状态，跳出和对方的情感世界。我们尽量像一个摄像机一样来观察和体会彼此。这样我们才能发现那些藏在暗处隐隐作痛的伤疤。

我们其实无法强求那种即刻出现的百分之百的理解，即便是亲密的伴侣之间也需要走过漫长的过程才能真的读懂对方。有一项研究发现，随着相处时间的增加，夫妻的容貌会越发相像，这也是一种相由心生吧，长时间的相处让彼此的观念、感受趋同，相貌也随之相似。对很多夫妻来说，这应该是一个不错的目标。

第五章　沟通的良方

"我们对彼此知之甚少。"这是我做咨询以来听过最多的对彼此关系的评价。没有意外，我今天又在咨询室里听到了这句话。我的对面坐着一对已经结婚十几年的夫妻，他们共同经历了很多，在这样的年纪忽然发现彼此已经无话可说，他们不知道如何让对方开口，也不知道自己如何开口。这是他们第三次尴尬地坐在咨询室里了。结束的时候，丈夫忽然向我表示感谢，他说虽然他们没什么进展，但是如果是在家里，他们根本没办法坐在同一张沙发上超过半小时。我用余光看见妻子的脸上有同意的表情。这一瞬间，我仿佛看到了他们不曾表现出的修复关系的努力。

一、彼此拥有的艰难

我们在上文中已经阐述过人的一种需要，那就是爱和归属感的需要，正是这种需求让我们渴望了解彼此，在心意相通的那一刻，就仿佛我们拥有了彼此一般。不过我必须要说，很多时候，不仅在婚姻中，在很多人际关系中，我们都无法达到真正有效的沟通。这主要是两方面原因引起的。

一方面是沟通方法不得当。对男性来说，失败的沟通方式有两种：逃避和对抗。

有研究发现，男性无法回应女性伴侣的情绪，他们往往认为，当自己的伴侣有情绪时，自己应该立马闭嘴。这与男性大脑感知和处理情绪的区域不易被激活有关。而女性大脑中的这个区域相较而言容易被激活，这使得女性更善于表达情绪。我们试想一下，当女性声情并茂地表达自己的时候，男性的大脑始终没有打开处理那些情绪的开关，他们听出了女性的情绪，但是他们只想着怎么才能逃走。男性对这些消极情绪的态度是害怕的，因为他们手足无措。妻子指责丈夫没有准时去接孩子，愤怒地责怪丈夫对孩子不上心。有些丈夫会笑脸相陪，轻描淡写地回应妻子，这种方式就是逃避。他们为了逃避妻子情绪的追击，只好用这种方式简单应付。

但是，这样只会让妻子更加愤怒，更怀疑丈夫对孩子的关心，最后妻子只能失望地摇头走开。

另一个研究发现，男性体内的睾酮水平显著地高于女性，睾酮和我们的竞争能力有关。我们通常说男性好斗、爱竞争，就与这种激素水平高有关。但这并不是说女性就不分泌这种雄性激素，只是女性分泌得相对较少。所以，男性在很多时候总是希望和女性争个对错，像角斗场上的斗士一样，这就是对抗。而女性并不热衷于这种无聊的真理辩论活动。同样的例子，妻子埋怨丈夫没有准时去接孩子，丈夫的回应也许是"孩子大了，晚去一会儿不会有问题，需要培养孩子的独立能力"。丈夫并不会安慰妻子，也不认可妻子对自己食言的指责，他只想证明自己阴差阳错地做了一件了不起的好事。这种方式无异于将矛盾激化，妻子只会觉得丈夫在狡辩，丈夫却觉得妻子小题大做。最后争吵的主题已经不是接孩子的问题，而是谁的育儿理念更加正确。

对女性来说，失败的沟通方式也有两种：情绪淹没、失焦。

同样是女性大脑对情绪比较敏感的原因，女性在和男性沟通时往往以情绪为主要出发点。这造成了女性在发怒时只有情绪没有内容的假象，这种情况我们且称为"情绪淹没"。

也就是那些关键的信息被淹没在强烈的情绪之中，但是沟通的关键就在于双方能听得懂语言中传递的信息。不过，这对女性来说并不一定是件坏事，情绪的适当宣泄能让她们保持更好的皮肤状态和心理健康。只是苦了男人，他们既害怕被情绪淹没，又无法获取其中理性的信息。就好像被指责接孩子晚了的丈夫，他可能从没体会到妻子的焦虑，只听到妻子的愤怒和埋怨。

另一种失败的沟通方式是失焦。在一项关于注意力的研究中，被试者头戴耳机，耳机的左右耳分别给出不同的词汇，这个研究发现，大多数的男性只能听到其中一个单词，而大多数的女性可以汇报出两个耳朵听到的不同单词。这个发现被有些人认为是女性更能利用左右脑来工作的结果。其实，无论男性女性，我们都是左右脑协同工作，只是女性注意力属于多管道的形态，她们往往能注意到一些细节的地方。女性注重细节、更细腻，在很多情况下，这是一种优势，但是在两性之间沟通时，就成了一种阻碍，男性会不知道他的伴侣到底想要表达什么。被妻子埋怨的丈夫可能听到了妻子埋怨他接孩子不及时，同时也听到了妻子埋怨他自私自利，或者还听到了妻子埋怨他开车太慢。其实，这位妻子都是在抱怨一件事：你对家里的事情不上心！

　　当然，还有一种双方都可能犯的错误，就是归责对方。在此我没有办法将这种错误归咎于大脑或者激素，因为这可能就是我们在成长中学习到的东西。只要我们假装这件事的结果并非因我们而起，我们自己就会好受很多。归因于对方，自己就不用被良心折磨了。

　　其实，虽然上述这些失败的沟通方式有一定的生物学基础，但是我们也无法小觑成长过程中环境的影响。本书中这样描写只是为了让大家明白，男女之间的沟通是有天然的沟壑的。我们塑造一个促进性的环境，或者有意识地改变自己，就是为了填补这一天然的裂缝。

　　人际关系中难以做到真正有效沟通的第二个方面的原因是，我们内心对于融合的恐惧。心理学家荣格提出了原型这一概念，他假设我们大脑中带着整个种族历史的记忆，这些记忆凝缩在我们大脑的深层结构中，形成了各种原型。其中一个重要的原型是大母神。这个原型其实并不是荣格提出的，而是他的学生埃里希·诺伊曼提出的。大母神的原型概念是复杂的，我们就不详细介绍了，但是有一点是很重要的，就是在这个原型中，有着对母亲的依恋和害怕被母亲吞噬的恐惧共存的心理现象。就好像很多人对自己亲近的人的感觉是一样的，既期待彼此无比的融洽，没有你我之分，但又害怕这一刻真的到来，担心被对方吞噬，不再是独立的个体。这种矛盾藏在我们的内心深处，可能在某些层面上，我们害怕良好的沟通换来的是自己完全陷入对方的情绪状态中，无法自拔。

无论是沟通方式的问题，还是我们内心对于自我被淹没的恐惧，都可能让我们彼此无法有效地沟通，甚至可能让我们无法在亲密关系中获得真正亲近的感觉，也会让婚姻中的双方陷入各自的孤独感中。心理学家在研究中发现，亲密关系的疏离会让人的身体和心理都受到非常大的威胁。而拥有良好的亲密关系，会使我们的免疫系统和心血管系统更加健康。

当然，我们努力维持和他人的亲密关系，在关系中获得满足并不是为了让身体更加健康，究其根本，我们是希望自己能够拥有被另一个人爱着的感觉；是为了摒除那些孤独，而能够确认在这个世界上有人在内心深处与我们同在；更是为了消除恐惧和犹豫，义无反顾地进入和他们共享的物质和精神世界中。这就是爱和归属感吧。

我们有很多证据可以证明归属感的需要是我们人生道路上一种非常重要的需要。为了满足这种需要，我们努力与他人建立和维持关系，期待别人来了解我们，关心我们，并且

基于这种了解和关心跟我们交往。

回到我们的主题——婚内孤独上，当感到孤独，没有被包容和支持，也没有得到理解和共情，更没有感受到被爱和被需要时，我们仿佛开着一台发动机随时会出故障的车，形单影只地在婚姻的路上行驶，彷徨失措、孤立无援，只有发动机的轰鸣声回响在自己的脑海里。

我们作为咨询师都是需要接受督导的。有一次，我向督导师汇报了一个案例。我的督导师说："你应该改一下汇报时的用词，你应该说'我们'。"这时候我才发现，在案例汇报时，我用了很多"我"这个字描述我和来访者的沟通情况。虽然这不是一个最恰当的类比，我想我的督导师极力想给我灌输一个观念：我和来访者是一起工作的，并不是我在努力，也并不是他一个人在努力，是我们一同往前走。只有当我们双方都意识到这份责任和情谊的时候，咨询工作才会真的起作用。

在婚姻当中其实也是同样的道理，无论如何，婚姻是基于一个人和另外一个人的关系而建立的，如果我们忽略另外一个人的感受，或者撇开另外那个人去祈求婚姻会变得美好，那几乎是不可能的，我们也很难想象这种婚姻的模样。

在很多朋友倾诉的过程中，我能听得出来，他们心里是孤独的，那是一种深深的无力感，就好像在婚姻中只有他一个人在独舞。他不被理解，有时候也没有人需要他去理解。

作为咨询师，我个人有时候也是悲观的，我的访客总带着各种各样的问题来找我，他们的婚姻总面临着这样或者那样的问题，这使得我明白两个人拥有彼此是多么的艰难。也许，我们可以实际一点，拥有彼此本就不切实际。人性也许本就是追求自由的，不愿被禁锢，不愿被限制。正如上文所说，婚姻制度的建立并不以人为本，而是一整套人类社会架构和经济博弈的产物。我们常会看到婚姻中的伴侣，一方面因为爱情彼此靠近，另一方面又恐惧失去属于自己的天地或是饱受感情的苦。我有时候会想，也许我们无法把孤独完全归咎于对方，我们也得承担一部分责任，我们应该好好问问自己，我们准备好投身于这段关系了吗？

二、有效的沟通

有一类来访者，他们在婚姻当中常常体会到不被对方理解，当我和他们谈论他们的婚姻状况时，我发现他们很少能和自己的另一半有效地沟通。他们在与他人沟通的时候往往

表现得拘束、僵硬、言不由衷。他们好像很难对另一半敞开心扉。

其实，咨询师对这种缺乏有效沟通的状态可以说是司空见惯，我在工作中也经常遇见来访者沉浸在这种状态之中。我记得有一个来访者在咨询中一直跟我说："赵老师你不懂我，你听不懂我在跟你说什么。"我听到了字面意思中的指责，但是我更听到了字面之下深深的失望和满心的求助。他在说："我的内心非常痛苦，因为我想让你听懂我在说什么！我希望有人能懂我说的！"

如果我因此而对自己感到失望，从而想努力向他展示自己的"聪明才智"，假装自己听得明白，那么我就掉进了来访者设置的剧情之中，他会发现我和他身边的人一样伪善和虚假，并不关心他内心的真实想法，只想着蒙混过关。他像是一个正在玩捉迷藏的小孩，极力地把自己隐藏起来，但内心深处又非常渴望能被人找到。他在婚姻之中也有同样的问题，他的妻子抱怨他把自己的想法藏得深，不愿分享；而他则抱怨妻子不愿意花心思对他的想法一探究竟。他是孤独的，在没有人愿意理解自己的婚姻中，他是孤独的。他的妻子也是孤独的，在一段丈夫不愿分享的婚姻中，她也是孤独的。

在开始讲述有效沟通的大致方向之前，请容我用一点篇幅陈述一下有效沟通的心理准备。我们应该以怎样的心态去面对沟通呢？怎样的心态才能使我们可以逐渐地袒露心声并接收对方的沟通信号呢？这样的心理准备主要有两种：对自己而言是解脱，对他人而言是宽容。

解脱就是从自己所设的"掩体"之中解脱出来，就如刚刚提到的那位丈夫，他将自己藏了起来，对他而言，要做的第一个心理准备就是不再躲藏在自己建立的"掩体"内。他将不被看见的焦虑制造成"掩体"，这个"掩体"往往表现为言不由衷或者词不达意，这使他的妻子总不能轻易地捕捉到那些重要的信息。当妻子无法理解他到底要表达什么的时候，他就会怨天尤人："看吧，她根本不知道我在说什么；看吧，她根本不懂我。"这是他自己制造的一个逻辑陷阱。我们每个人可能都有不同的"掩体"，这和我们的经历有关。

珍是爷爷奶奶带大的，她的父母在另一个城市做生意，他们在珍三岁时离开家乡去创业，就把珍留在了老家。爷爷奶奶对珍很好，但是农村的老人不像城市中的退休人员一样，可以无忧无虑地含饴弄孙，他们还需要去田地里干活，所以大多数时间都是珍一个人在家。在

她的记忆里，她常常看着大门外，盼望着爷爷奶奶能够早点回来，盼望着一年快点结束，爸爸妈妈能够回来。她等啊等，等啊等。对她来说，一个人的日子实在是太难熬了。她害怕一个人，这种感觉像是被人抛弃了一样糟糕。后来，珍结婚了，婚后的珍总是小心谨慎地对待自己的丈夫，她的丈夫非常纳闷，也十分难受，他抱怨珍的这种谨小慎微让他非常不自在，让他觉得自己像是家里的"暴君"，而他并没有对珍恶语相加或者无理取闹。起初珍也很痛苦，因为她压抑自己的性情才表现出的好妻子形象，在丈夫看来居然如此不受欢迎。她几次想要将这种情绪宣泄出来，都被一种无形的力量扼杀在摇篮之中。

珍是不明白自己为何这么憋屈的，也不明白自己的隐忍对丈夫来说并不是一件幸事。但是，当我将这个故事理顺，大家也许都明白是怎么一回事了。童年的经历让珍对家庭无比珍视，她需要丈夫，丈夫的存在是她对抗孤独的法宝，也是她不再经历童年创伤的依靠。所以，她总是在家庭中呈现某种讨好的状态，希望丈夫更爱她，不会轻易离开她。这是珍自己创造的"掩体"。她躲在对孤身一人的恐惧背后。

我们都需要面对自己的恐惧和焦虑。只有当我们把自己从那些非现实的、却深深烙印在内心的情节中解脱出来，我们才算是有了一个基础的心理准备。否则，无论我们如何运用沟通的技巧，对面的那个人都可能戴上那些曾经出现在我们生命之中、给我们带来痛苦记忆的人的面具。我们紧紧地蜷缩着身子，是无法真正地表达自己的。传统的心理病理学强调负性记忆，特别是那些发生在童年的早期经历，心理学家曾一度将这些经历的重要性提升到极致，认为这些记忆会留存在人们的潜意识中，并让人在不知不觉中创造出各种相类似的困境。这样的情形被称为"强迫性重复"。正是这些不愉快的经历和留在潜意识中的记忆才让我们不断地重复经历苦难。虽然随着脑科学和遗传学的发展，专业人士不再坚称那些负性记忆是心理问题的罪魁祸首，但是痛苦的记忆仍然侵蚀着人们的心理健康。而另一些研究则朝着积极的方向前行。有研究发现，那些快乐的记忆能够帮助人们抵抗不顺利的当下。对于夫妻来说，创造快乐的记忆才是婚姻生活的主轴，如果两个人在一起经历的都是苦难和不甘，那么当矛盾发生时，婚姻破碎便没有任何的阻力。

对对方宽容，是将自己和对方放在一个相对松弛的环境之中。沟通并不是一件容易的事情，因为沟通时总会牵扯出

以往不愉快的记忆。我们常会听到这样的抱怨，"你怎么总是如何如何"或者"你一点都没有变！"很多时候，我们只是在表达失望，而对方则会理解为一种指责。

对对方宽容，需要做到的第一点就是不过分计较过往。把话题限定在当下，而不是查看内心的小账本，把对方的黑历史历数一遍。不过，这并不意味着过去发生的事反反复复地发生在你们的婚姻中是不重要的，恰恰是因为这很重要，我们才需要格外珍视处理它的机会。对此时此地话题的专注可以避免我们陷入一种怪圈，就是我们永远借着当下谈过去，而非带着过去的经验处理当下的困境。

宽容的第二点是不对对方的逻辑吹毛求疵。逻辑在沟通中是不重要的，甚至是最不重要的。但是，在另一个场合之中，则不能没有逻辑，那个地方叫作法院。我们并不是要争个输赢或者为自己主持正义，沟通是为了了解对方的所思所想，是为了能让对方知道我们的想法、接受我们的情绪。我有一次做相关内容的讲座，在问答环节，有位听众抱怨她的丈夫常常让她感觉很无语。她向我叙述了一个很典型的状况：有次他们出门买菜，她想吃虾，她的丈夫想吃肉，她对丈夫说："天天吃肉，今天想换一个口味。"她的丈夫随后跟了一句"那吃素好了"。她听到后整个人都气"炸"了，觉得丈夫莫名其妙，自己只不过是不想吃肉而已，为什么他如此地针锋相对。我没有办法采访她的丈夫，自然是不知道她丈夫为何如此。不过，也许我们能够从这个事情中学到一点，那就是如果我们对对方的每句话都用逻辑规则去审查，那么我们的伴侣也许会像这位女士一样感觉被冒犯。

宽容的第三点是需要对过激的情绪保持足够的耐心。我们当然会遇到这样的状况，我们会遭受情绪的龙卷风，很多时候我们会被情绪淹没，无法思考，也无法回应。对于自己来说，我们需要让自己保持足够的冷静，但是这种情况往往不可预期，当对方的情绪风暴来袭时，我们最好保持一定的耐心，等这场风暴过去，而不是煽风点火。

> 雷是个情绪化的人，他对他的妻子非常感激，因为每当他在沟通中变得暴躁的时候，他的妻子并没有选择用犀利的言辞回击他，而是轻声提醒他冷静下来。有一次，他们因为孩子在学校表现不佳探讨起了教育理念，他坚持顺应孩子的天性，不应该管太多；而他的妻子则认为孩子需要一定的管束，不能放任自流。巨大的教育理念差异让他们的对话变得难以进行下去，雷突然之间情绪上涌，随后脱口而出："我反正不会管，要管你管！"

他的妻子并没有大声驳斥，也没有悲伤哭泣。她只是轻轻地抚摸着雷的背，似乎在帮他顺气，然后慢慢地提醒雷，他们是理念不同，不是互相推诿，总能找到一个平衡点的。

耐心对我们自己来说是一种修炼，雷的妻子消化了自己的情绪才能做到这样的镇定。所以，千万别强求自己保持耐心，我有时候会告诉来访者："如果你真的很生气，想喊、想吼，那就这样做吧。糟糕的回应总好过憋屈的压抑。"

当我们做好解脱自己、宽容对方的心理准备时，我们才能给彼此创造一个较松弛的沟通环境，而不是剑拔弩张的沟通困境。但是，好像即便如此，我们仍然会面临困难，我们努力地想要去表达自己，努力地想要去跟别人沟通，但是对方并不理解我们。

这也许就是我们传达信息的方式有问题了。总的来说，沟通的方式有非语言沟通和语言沟通两大类。完整的沟通就是将那些我们需要传递的信息以这两种方式传递给对方。但是，这又谈何容易呢？

我举一个自己的例子，有一次我坐电梯碰到一位同事，出于礼貌，我向他微笑示意，算是打了招呼，问了声好。因为我们俩并不熟悉，而且当时就我们两人在电梯里，很尴尬，所以我尽量保持这样的笑容，直到他出电梯为止。但是在他走出电梯之后，电梯门关上的一瞬间，我发现电梯门的不锈钢镜面映出的我的表情是非常严肃的，在此之前，我一直认为自己在保持微笑。

我想我的同事并没有感觉到我的礼貌和对他的尊重，因为在那个镜子里，我看上去非常冷漠，甚至有一些高傲和不屑。

我们对自己形象的认知与现实情况是存在一些偏差的。一项研究证明，我们会认为那些美化过的自己的脸和自己真实的样貌更接近。而另一项研究发现，我们对镜子中自己的评价会好于别人对我们外貌的评价。

我因为参与了一个录播的课程，所以养成了看自己录像的习惯。在录课的时候，我尽量让自己保持活力和激情，我一度以为我做得非常好。但是，当我看录像的时候，我总会发现视频中的我实在是太严肃了，我想这是因为我们大脑处理自己形象的方式和处理别人在我们心中形象的方式不太一样。在处理关于自己的信息时，我们会倾向于给出更积极的评价，我们有时候会觉得自己很礼貌、有耐心，但事实并非如此。

有一个概念叫作人际隔阂，是说传递信息的一方和接收信息的一方对信息的理解不一样。

即便我们用最真诚的语言去沟通，这种人际隔阂仍然可能存在。无论彼此的性别是否一致，沟通的双方都会依照自己的经历、观念还有立场来解读对方和表达自己。语言沟通如此，非语言沟通亦是如此。

非语言沟通，对我们来说其实非常重要。如今，无论是临床心理学家还是认知心理学家，都开始认为人的心理是具身的，身体的感觉、身体的体验、身体的表现都在影响着我们的内心世界。如果我们给非语言沟通一个广义的概念，那么沟通的时间、地点都属于非语言沟通的重要成分，因为那些直接影响身体感受的环境信息也会左右我们对于沟通效果的判断。也有相关的研究佐证，一个温暖舒适的环境会让人更愿意将对方的言行做善意的解读。在本书中，我还是倾向于将非语言沟通的范围框定在我们的表情和行为上。它们常常会为我们提供一些信息，以便我们调控自己的节奏。当然，表情和行为还能表达亲密、传递关于人的权力或者地位的信号。

面部表情是我们非语言沟通当中很重要的一方面。我们常说"伸手不打笑脸人"，其实就是因为对方的面部信息传递给我们一个友善的信号，哪怕他说的内容我们并不接受。

另一种非语言信息就是我们的身体动作。在生气和失望时，我们通常会把双手抱在胸前、呈交叉状，有时候我们还会抚摸自己的臂膀，这一方面是一种安慰自己的姿态，另一方面也是必要的自我保护。当感觉被包容和接纳时，我们常常会打开双臂，以一种开放式的姿态示人。当兴味索然的时候，我们会侧着身子，想让话题早点结束。但是，当兴致正浓，还想把话题深入下去的时候，谈话的双方会越挨越近，肩膀挨着肩膀，时不时还会碰上。我们当然会以非语言的方式下意识地传递出情绪变化和感受等信息。因此，在沟通中如何感知对方的非语言信息，以及对方如何感知我们传递出的信息，就变得重要许多。

对于前者，我们可以从相关知识中得到答案，但是对于后者，我们则需要配合语言来传递。要用沟通来化解婚姻中的孤独感，我们要注意传递信息的一致性和双方交流中的共频。所谓一致性，就是非语言信息和语言信息一致。试想一下，当我们微笑着说出愤怒的语言，那会是多么虚假和违和的场景。我们保持这种一致性，是一种真的体现，不是故弄玄虚，也不是故作矜持。而所谓双方交流中的共频，就非语言沟通来说，就是与对方保持平等和亲密的距离，保持相应

的动作，保持相符的表情。

当对方坐着的时候，我们应尽量与对方保持同一个高度，可以坐着，也可以半蹲；当对方站着的时候，我们应尽量也站起来。当然，如果我们很愤怒，甚至在争吵不休，那么应尽量给彼此一个可以缓冲的距离。这个缓冲距离就是彼此往前迈一步就能紧紧地抱在一起的距离。这样，我们能够保持在一个平等和亲密的距离上，既不会有高低的隐喻，也不会让人有疏远的感觉。

有研究证明，两个人如果愿意沟通，那么会互相模仿对方的动作，这是镜像神经元起了积极的作用，反过来刻意的模仿也会强化这种沟通的意愿。不过，并不是所有的动作我们都要模仿，有一种类型的动作需要我们忽略，那就是有攻击性含义的行为。还有一种类型的行为需要我们进行互补，那就是疏离的行为。比如：对方情绪激动，紧握双拳，我们可以共情这个情绪，但要忽略这个动作；当对方身体向后，貌似疏远我们的时候，我们应该眼神跟踪，传递相反的信号。

可能大家已经注意到，我并不认为争吵是一种完全的破坏关系的方式。

保持相符的表情，对我们自己而言，应该保持表情和言语情绪一致；于互动的双方而言，我们需要做到的是与对方保持相符的表情，虽然再亲密的人之间的悲喜也并不一定相通，但是只要我们努力释放善意，就能在对方欢笑时保持积极的表情。其实这是一种本能，也是一种后天的素养。

在沟通中发生冲突是难免的，我知道很多夫妻将冲突当作一场辩论，更看重的是输赢。其实，这才是最不重要的事情。我会把这些冲突看作一个个了解彼此极端想法的机会。

国外有一种方法叫作说话者－听话者技术。在我的课堂当中，我曾经让心理学专业的学生做过类似的实践。在课堂上，我让学生们首先明确自己的想法，也许这个想法并不具体，接着他们轮流发表意见。在一位同学发表意见的时候，其他同学只能去做确认和复述这两件事。不要去指出对方刚刚所说话语中的错误，也不要冷嘲热讽，我们带着疑问和好奇去确认，"你刚刚是不是说这个？""哦，原来你刚刚表达的意思是这个，而不是那个"。

简单的复述跟确认能够帮助我们更好地共情，因为我们有时候并不仅仅是在确认对方说的内容或者想法，也在确认对方的情绪。

我们常说，国人表达情绪的方式是比较含蓄的，这对想要好好沟通的双方来说就有更高的要求。比如，当我们说"你刚刚是不是在说什么什么，我听到你这样讲的时候好像不怎

么开心"。可想而知，有时候对方可能会说没有。这时候，也不必让对方立马认可你对他情绪的判断。即便对方说没有，但是他也能感受到你在努力去感知他的情绪，这种努力本身就是有意义的。

红在家庭中总不被丈夫理解，她感到愤怒和绝望，被拒绝靠近的感觉充斥在她的婚姻中。常年如此，红孤独日久。为此她找到了心理咨询师，她努力将自己的故事全盘托出，可是咨询师总是不得要领。这样的情形经常发生，红觉得失望，但是仍然没有勇气将这些告诉咨询师，就像她在家中一样隐忍。有一天，她终于鼓足勇气将这些告诉了咨询师，咨询师很惊讶，也很惭愧，向她表示自己一直在努力理解，也对这样的状况感到抱歉。红忽然发现，当她表达完自己并没有被理解后，反而觉得咨询师和她很近，也感觉到了咨询师想要理解她而做出的努力。她微笑地打趣道："我知道你听不懂，但我看你抓耳挠腮的时候，我就知道你想要理解我，这种感觉就够了。"

虽然不能简单地将家庭生活和心理咨询类比，但是人和人的沟通是一样的。我们无法保证自己百分之百地理解一个人，但是如果连想要去理解的努力都不做才是最令人绝望的。心理学中有一种对顿悟的解释，它并不是指我们忽然受到某种神秘力量的指引，或是我们大脑的某个开关无缘无故地被打开，正是因为我们不停地思考，反复地琢磨，总有那么一刻，答案会跃然纸上。我们在与人沟通、试图理解他人时也是如此。

关于如何表达自己的感受，我建议尽量用第一人称去表达，而且不要以绝对化的方式去描述对方的行为。所谓绝对化的方式，就是"你总是如何如何"。我们可以把语言变得更精确一点，"你刚刚这样做，我感到如何如何"。还是要将话题放在当下。

非语言沟通和语言沟通都是重要的沟通模式，在我看来，它们在沟通中起的作用各占40%，而其余的20%可能与我们在沟通中的态度、技巧等有关。

三、沟通四原则

在本章的最后，我想总结一下沟通的四个原则：心态平和、态度开放、言行有情、就事论事。其实，在上文中我们

多少谈到了这四个原则，在此我想更详细地叙述我们如何能够做到这简单的十六个字。

　　心态是最难以捉摸的东西，也是最难把握的。要做到心态平和，我们需要无欲无求和戒急用忍。对沟通的结果不抱有期待，对对方如何回复也不抱有期待，这就是无欲无求。但这并不意味着我们和对方沟通的时候可以消极对待，对对方也不再有期许。沟通本身就是一种希望的表达，如果我们对另一半没有期待了，也就不存在沟通的必要了。对于沟通的结果和对方的回应则是另一种心态，也就是不做预设。

　　　　亮准备再和惠沟通一次，这次他不再像上次一样畅想惠会理解他，不再期待一次沟通就能让他们之间的问题烟消云散。亮没有回避问题，单刀直入地向惠表示他们需要聊一聊。他表达了自己许久以来的被冷落的感觉和孤独感。惠还是表示不能理解他的感受，觉得自己不应该被指责。亮接着强调，这并不是谁的过错。他听着惠的解释，理解着惠的情绪，也表达着自己的想法和感受。他们良好的感情基础在这中间扮演了重要的角色，基本的信任和彼此的了解让这次沟通顺利地进行了下去。当他们逐渐将话题深入下去时，惠突然说道："我还以为你要和我分手。"亮微笑地回应道:"我也觉得你想要和我分手了。"随后两人相视而笑。亮向我回忆道,他们这次沟通也许根本不会带来什么实质性的改变,但是这次沟通后,他忽然觉得好像能确认惠的心意了。那种彼此逐渐接近的感觉熟悉而又陌生。

不幸的是,并不是每一次的沟通都卓有成效,我们总会遇到伴侣拒绝沟通的时候,他们沉默寡言,他们不回应。甚至有时候,他们会觉得我们说得实在太多了,或者对我们充满愤怒。这时我们应该做到戒急用忍,要让自己先冷静下来,不要被负面情绪压垮,以免做出不理智的决定。我们可以短暂地离开现场,去干些别的事情。这并不是回避话题,我们知道自己会重新回到这个话题上,但那个"当下"并不是好时机。

在我们准备离开现场之前,需要把自己想要说的内容精简一下,尽量用三句话讲完。三句话既不让话题冗长而显得纠缠,又容易让对方理解和接受。当情绪平复之后,我们再告诉对方我们的想法,不要强求对方立马给我们回应,可以告诉他们,我们可以等待他们的回应。这之后我们最好还是回到那个无欲无求的心态之中,给彼此空间和时间。

第二个原则是态度开放。态度开放是一种底线原则，有时候，沟通就意味着在两个人的"禁区"里反复横跳，到最后才能找到合适的位置。我们需要放弃一些原本秉持的固有观念，对对方的想法尽量包容对待，不预设立场地参与到沟通的过程中。那么，哪些观念是我们需要警惕的呢？这些观念有以下几个特征：

过分概括化：人们有一种倾向，总觉得自己能够以点窥面，这在心理学中叫作晕轮效应。比如：我们会以对一个人身上的某一个特质的评判来高度概括这个人的全部特质，我们总觉得长得好看的人都是人美心善的，甚至是能力出众的。有些研究发现，颜值的高低和收入的高低呈正相关。在婚姻中我们也会犯类似的错误，我们往往将对方的一个行为概括为他们对我们的整体态度。疲惫的丈夫回家后没有立即拥抱妻子而是径直地走向沙发并躺下，就会被妻子抱怨爱已不在。我们高度概括对方的行为是因为我们自恋吗？是过分地相信自己的判断，还是因为我们太过不自信，总觉得对方的一个"闪失"就暴露了他们内心对我们的所有态度，特别是那些负面的态度？我想两者多少都会有吧。

糟糕至极：是指对发生的负面事件的后果无限"上纲"。例如，夫妻间的争吵被认为是分手的前奏，丈夫偷藏私房钱被认为是出轨的征兆，妻子寄钱回娘家就被认为是"扶弟魔"……当亮想要和惠谈谈的时候，惠的态度就属于糟糕至极，她在心里预设了这种沟通是亮愤怒和分手的象征，这就使得他们在一开始就无法将沟通继续下去。

绝对化：是将所有的可能性消除，只留下极端和必需的选项。我们日常生活中常用一些"应该""必须""一定"这样的词汇，但少有人真的会做到。当这些想法变成一种理念和态度，成为一种预设的立场，那将是毁灭性的。大概在十年前，我组织过一个一次性的亲密关系团体，团体成员中年龄最大的 50 岁左右，年龄最小的 20 岁。其中一位年轻女孩发表了她对做家务的看法，这时候，另一位年纪稍大的女性匪夷所思地说："家务不就应该是女人做的吗？"年轻女孩很不以为然，抗议道："现在已经是 21 世纪了，男女本就应该是平等的。"我们每个人的判断都会受到时代和自身成长经历的局限。对于做家务这件事，每个人都会有自己的理解和立场。当这两位年龄差大到可以做母女的团员心中的"应该"碰撞在一起的时候，那真的是针尖对上了麦芒。然而，在婚姻中，更应该把预设的立场丢一边，我们先听听对方是怎么想的。

第三个原则是言行有情，这里的情有两个含义，一是共

情，二是需要表达自己的情绪。首先，我们需要具备回应对方情绪的能力，这种能力和共情有关。但是，简简单单的两个字，要做到并不容易。完美的共情涉及三方面内容：感受、内容和程度。我们的感受需要和对方的情绪是相符的，在情绪上是共鸣的。彼此感受对方的悲伤，体验对方的喜悦。内容就是我们听到的事件，而程度是指我们对对方情绪体验的理解深度。妻子埋怨丈夫把精力放在工作中，无暇照顾自己和家庭，自己每天像过着单身生活一样。如果丈夫说"我还不是为了这个家吗？"就没有任何共情可言。对妻子共情应该这样回应："让你每天都是一个人真的很抱歉，我每天不着家让你受苦了，我知道一个人照顾家很辛苦。"感受是丈夫听到了妻子的孤独感和内心煎熬。内容是妻子总是一个人在家，不但需要承担家庭的责任，还需要忍受内心的痛苦。而程度是丈夫并没有轻轻点过，而是全面地回应了妻子的情绪。当然，世界上没有完美的共情，我们也不必强求完美。

不过，大家也许发现了一个问题，丈夫的态度到底是如何的？他承受着工作的重担，是否也在工作和家庭中痛苦地徘徊，始终不得其法呢？如果丈夫能够将自己的情绪表达给妻子就好了。也许丈夫可以说"我和你一样很难受，但我真的不知道怎么办才好"。作为婚姻中的夫妻，如果配合行为上的亲近，那将会事半功倍。

第四个原则是就事论事，是指不要将话题无限地扩大。

与妻子教育理念不同的雷曾经就是如此，雷的学历比妻子高，他不认同自己家庭中奉行的"吃得苦中苦，方为人上人"的教育理念，而雷的妻子却恰恰认同这样的理念，所以他们经常为此而发生争执。每次雷无法说服妻子的时候，总会拿自己的学历说事，他的逻辑简单却矛盾：一方面他强调自己学历高，应该听他的；另一方面他又认为学历高没有用。聊着聊着话题就变成了"谁知识更渊博""谁才是一家之主""谁该为孩子教育负责"等，他们无法只对一个问题进行深入的探讨。雷的妻子也因这种状态而感觉无助与孤独。

雷的妻子找到了咨询师，而后她与丈夫加入了一个夫妻咨询的项目，在那个项目中，雷才渐渐地意识到自己的问题。似乎雷总在无限扩大议题的范围，好让自己有更多空间来表达自己的情绪。而这些情绪很大一部分来自他自己经历过的伤痛和对现实处境（工作）的不满。雷与妻子的关系也开始往好的方向走了。夫妻俩达成了

> 两个共识：如果情绪太激动，那就先处理情绪，而不是非要一鼓作气将问题解决；如果话题无法聚焦就先缓缓，看看是不是还是情绪在作祟。他们决定不让情绪主导他们生活的方方面面。

沟通其实是一件极其困难的事，我们在沟通的时候会出现非常多的状况。在一些状况下我们可能会失控，也可能会让自己感觉更加孤立无援，更加难受和孤独。我们得有坦然面对沟通失败的决心，得允许我们沟通的有效性是螺旋式增长的。我们也应该相信，在婚姻关系当中，不管是语言的还是非语言的沟通，其目的是确认我们和对方同频的感受，而这种感受足够让我们相信彼此共享同一个空间，在这个空间中，我们不仅可以互相依靠，也能够足够真切地触碰到对方。

除了良好的沟通之外，我们也应该增加彼此相处的时间。很多夫妻常常抱怨，他们共处的时间太少了，还有很多夫妻抱怨，婚后相处的时间甚至比不上婚前。为了增加共同相处的时间，我们可以邀请对方参与我们感兴趣的事情。我有一个"健身迷"朋友，在他刚开始健身的时候，他的妻子很不开心，总觉得他在行什么"不轨之事"。他去健身房时会接到好几次妻子的电话，她需要反复确认自己的丈夫在做什么。

我的这位朋友苦不堪言，说自己就这么点兴趣，却不被理解。后来，他拉着妻子一起健身，并且帮妻子咨询教练女性应该怎么锻炼。现在两个人还挺和谐的，常常成双成对地出入健身房。

我们也可以参与到对方感兴趣的事情中，理解对方的快乐所在。人是能动的主体，是可以去发现一些新东西的，也是可以去应对那些困扰的。

我们也需要试着去丰富自己的生活，花香自有蝶飞来，要让我们的伴侣看到我们有趣的一面。有一次，我去企业服务，一位年轻人在分享的时候说，他工作的头几年没有女朋友，工作乏味，背井离乡，每天就过着宿舍、食堂、办公室三点一线的生活，很孤独。后来他买了车，加入了车友会，每年自己做规划和车友出去自驾，如今已经去过新疆、东北、青藏地区，在这个过程中，他觉得自己的生活充实了很多。虽然还是单身，每天仍然三点一线，但是他觉得自己的生活很有趣，只要一有新的线路或自驾信息，他就能研究很久。那天很有意思的是，那个年轻人说完之后，有两个女孩眼睛放光，追着他问了很多问题。企业员工心理援助项目差点变成了相亲大会。

我们应该学会适时地示弱，婚姻不是比赛，比谁更能

忍让，比谁更坚强，比谁更上心。婚姻也不需要我们假装坚强或是完美。在婚姻中，可以向另一半倾诉自己的失落，可以去示弱，也可以请对方帮助自己。我们的脆弱是值得被看见的，我们也要相信，我们的另一半有这个能力接纳我们的脆弱。

最后，我们要学会感谢对方。有研究发现，懂得感恩会提升人与人之间的亲密关系，互相感恩的夫妻更容易解决生活中的小矛盾，也更容易获取生活中的小确幸。

第六章　让人沉迷，让人憔悴

—— 性的作用

"以性为纽带的爱情往往是脆弱的。"这是很多两性研究得出的共识。"我一直分不清和他到底是什么关系，难道只是性伙伴吗？""我觉得生个孩子，这个问题就能解决了，除此之外，我想不到其他办法，他想要一个孩子，我可以生。""我对她着迷，我们确定了关系，但是我不确定她是不是爱我，是不是因为爱情才和我在一起，我们合不来，别的夫妻无话不说，我们无话可说，我们的沟通只限于卧室里。"这是我在一项访谈中得到的结果。访谈的对象都是已婚人士，他们都在努力地维系自己的婚姻，要么将希望寄托于性，要么依靠性维系着不堪一击的关系。

一、性拯救不了婚姻中的孤独

我曾经做过一个访谈，这个访谈是关于羞耻感的。在我访谈的对象中有一个女孩子，她对羞耻感的描述让我印象深刻。这是因为这种羞耻感来自她和男性之间的关系。她是个有魅力的人，可以在短时间内拥有不同的性伴侣，但是性生活的满足并不等于内心的满足。她的羞耻感并不源自世俗的目光或是他人的评头论足，而是在这些关系中，她从来没有感觉自己是被需要的。她觉得自己是没有价值的，没有人喜欢她。她曾以为自己的吸引力能够让一个男人和她长相厮守，并且做出了尝试，最后的结果却让人唏嘘。

其实，在很长一段时间内，性都被当作两性关系中重要的因素。第二章中，我曾提到过斯滕伯格的理论，在他的理论中，性或激情是爱情的重要组成部分。其他一些研究也发现，性生活能够促进两性关系，甚至减少彼此的压力。在20世纪，西方国家曾对离婚的主要原因进行调查，结果显示性生活的不协调是其中一项重要原因。这些仿佛都在说明性在婚姻中有着不可替代的地位。我不想否认这一点，但是，如果这样的地位被错误地理解，那将是一场灾难。

　　蕾在事业上颇为成功，在感情中却是个焦虑的人，自有了孩子之后，她曾一度认为自己完成了婚姻乃至是女人的使命，这种感觉让她绝望。之后，她全身心地投入工作，取得了成就，事业的成就仿佛让她重新获得了价值感，她不再为和丈夫的感情而神伤。蕾的丈夫比蕾稍长几岁，虽然有自己的事业，但是并不忙碌，在孩子读大学之前，家中的大小事都是丈夫操心得更多。自从孩子上大学后，他们的相处越发平淡无味，以往两人唯一的话题就是孩子，现在他们之间不再有共同话题。也可能是相处的时间久了，老夫老妻逐渐成了朋友。重新安静的家唤起了蕾压抑在内心的对爱的需要，她还是想挽回自己的婚姻，毕竟自己才四十出头。她觉得自己婚姻中最大的问题就是缺少激情，只有他们彼此吸引的时候她才感觉到被丈夫需要。但是，性生活只能获得短暂的快乐，之后还是无尽的孤独。蕾慢慢地发现，他们的问题远比自己想的更复杂。

　　如果我们把性放在一个极其重要的位置上，那么我们得到的将会远远少于我们所失去的。我们会忽略生活中其他因素的重要性，比如，情感的交流、沟通的愉悦，甚至是共同的兴趣和性格的差异。蕾将自己婚姻中的孤独感归结于和丈夫之间激情的缺失，这蒙蔽了她的双眼，她没有看到，她的婚姻中没有了和丈夫的耳鬓厮磨，没有了和丈夫共处的甜蜜时光，甚至没有了相互确认爱意失败后的争吵。她的丈夫和她组建的是"养育下一代公司"，她的丈夫是这个公司的CEO（首席执行官），而她是CFO（首席财务官），他们分工明确，配合娴熟。直到公司完成了"使命"，她才意识到自己的婚姻出了很大的问题。

对待性的态度跟依恋类型也有很大的关系。有一项研究显示，就是那些不安全依恋类型的个体往往对性有更多的热情，他们渴望被伴侣接受，但是这种热情又跟绝望交织在一起，他们害怕失去。所以，当性的快乐消失的时候，他们的不快乐和绝望就会剧增。这是很多人要面临的一个问题，你越是用力握紧手中的沙子，沙子流失得越快。也许我们都会对蕾的故事感到绝望，但是蕾的故事并没有到此为止，她的故事还将继续。

有时候，我们会将热情建立在害怕失去的基础上。对失去的恐惧让我们过分地敏感、小心，或是过分地付出和执着。那种失去爱人的感觉，反而会使内心的脆弱和孤独被更敏锐地觉察到。最终我们只是把性当作一种逃避孤独的工具，我们无法

将性当作愉悦身心的、滋润情感生活的甜品。性在这样的关系中扮演着安慰剂的角色，它安慰着我们脆弱而敏感的孤独的心，那种与人相拥的感觉哄骗着我们，仿佛我们在那一刻得到了救赎，当生活回归平静，孤独感又会重新侵蚀我们的内心。

二、性是药引，但不是药

《海蒂性学报告》当中有一篇文章，非常短却掷地有声，该文章指出以性为基础的感情往往是最不可靠的。同样，将性当作拯救婚姻的良药也将会以失败告终。性只是一味药引，能增强药的作用，却起不了决定性作用。

只有当你对婚姻有较高满意度的时候，你对性的满意度才会高。或者，当你开始对婚姻中的性感觉满意，并且愿意投身于和伴侣的关系中时，这样的性满意才有意义。更进一步讲，我们可以把性当作婚姻生活中的一种奖励。当你对婚姻关系感到满足的时候，性才更具有其作为奖品的价值。

而如果我们把性当作一种必需品，甚至有时候我们给性赋予一些额外的价值，比如，有人认为它是对抗婚姻中孤独感的解药，以为那些挫败感会因为性而消失，那么性就变成了一根毒针，它只会更加刺痛我们的内心。

我有一次参加一个小型分享会，或者说是茶话会，大家都分享了自己的一个故事，其中一位男性朋友分享了自己跟他夫人的一个故事。在他讲完之后，我问他能不能在其他场合讲他们的故事，他说没关系，只要别把他的名字说出来就行。

他和他的夫人自有了孩子之后就开始分房睡。大概是给孩子断奶之后，他很想回到原来的房间睡，他夫人说他睡觉打呼噜会吵到孩子，所以还是让他睡在隔壁房间。很长一段时间里，他都是一个人睡，他觉得自己像单身汉一样，夫妻之间的交流其实也是很少的。有一天，他跟夫人约好，晚上将孩子支走，他们能更自由。按道理来说，这是一件好事，小别胜新婚，更何况他们已经"别"了很久了。

这个朋友说，当他们结束的时候，他非常难受，他觉得对方很陌生，觉得自己很尴尬。他说以往可以在性生活中提出的要求，忽然说不出口了。他的夫人想留他在那个房间睡，他却怎么都睡不着，后来他就回到了隔壁的房间，一闭眼就睡着了，仿佛那里才是他的归宿。

亮和我的这位朋友有同样的困扰，在亮看来，惠可能更不解风情一些。亮也曾提过同样的要求，惠少有答应，每次

亲密接触之后，亮也不会觉得他们的关系正在慢慢变好，有时候他甚至觉得惠只是在履行她作为妻子的责任而已。他其实曾期望性的和谐能够让他们两人重新回到婚姻的正轨上，但是总有一些东西横在他们之间。

如果我们细细地思考，也许就会发现，他们都犯了一个假设错误，就是只要有了性，他们的妻子就会回到妻子的角色上，他们就不用再过婚姻中的单身生活了。他们对关系的渴望是可贵的，对妻子的需求是真实的，但是他们的假设是荒诞的。他们太过看重婚姻中性的作用了。那个横在他们夫妻之间的障碍其实并不是性，而是陌生感。这种陌生并非是身体带来的，更多是心灵上的，他们少有高质量的沟通，不再分享彼此的内心世界。但是，这两位丈夫都寄希望于性。夫妻二人身体的缠绵并不一定能让心灵快速地融合。

大家还记得开篇时我提到的那位女受访者吧，你们可能会有一个疑问，为什么她会把性看得如此重要，是不是她本身就有很强的性需求？答案并非如此，性对她来说是一种她自以为可以掌控的来自他人的专注。这句话很拗口，我试着解释一下。首先，我们无法掌控不属于我们的东西（有时候我们连自己都无法掌控），而这种来自他人对自己的关注又对她如此重要。所以，性就成了她能使用的工具，让他人将注意力牢牢地锁定在自己身上的工具。其次，这种想法是自以为是的，效果乏善可陈。所以，我们一定不能将性工具化，这对一段关系来说是致命的。也许受到了小说或是影视作品的影响，我们往往认为性的工具化总和现实的利益有关，其实在"纯粹"的两性关系中，性也常常被工具化。卑微的妻子用性捆住心不在焉的丈夫，无奈的丈夫完成妻子布置的"任务"。这些没有情感的性甚至连激情都算不上吧。可惜的是，很多夫妻将性看成解决他们婚姻问题的良药，而忽略了真正能发挥作用的是婚姻中彼此的坚守和存在，性只是一味药引。

那么，性如何才能起到药引的作用呢？我的来访者是颇有智慧的，他们教会我很多夫妻之间的相处之道。在如何让性成为婚姻的调节剂方面，我觉得归纳起来主要有"三要"和"三不"，在此，我将这些也分享给大家。

"三要"就是要同意、要准备、要激情。"三不"就是不只顾自己、不追求结果、不要暴露。

要同意：如果想要让性在婚姻中发挥积极的作用，性同意是最基础的。在很多人的观念中，性是婚姻中双方的义务或责任，但是这种观点其实是落伍的，如今无论是从法律层面还是伦理层面，人们对婚内性同意的必要性都有了更进一步的思考。在我接触的个案中，曾有一类个案在婚姻中有非

常不好的性体验，这种性体验无一例外的都缺少婚内的性同意。通常我们认为，女性在婚姻中处于弱势地位，她们常常遭到丈夫的强迫，这样的观点并非完全错误，如果我们按比例来看，那么确实女性在婚姻中的处境远远不如男性，受到的不公正对待也多于男性。但是，我接触的那些个案中，男性其实也有同样的遭遇。在婚姻中的性同意对于男女都是十分重要的，首先这是一种最基本的尊重。诚然，男性在整个性活动中获得快感会更容易些，但是心里的感觉不一定和身体的感觉成正比。我的一位男性来访者抱怨说，他感觉自己不再能够左右自己，另一位男性来访者称自己像是一台机器，这些其实和女性的控诉别无二致。没有性同意的性会伤害对方的身体、剥夺对方的自尊。抛开性同意，就等于抛开了最基本的为人处世的原则——尊重彼此的原则。

要准备：这指的并不仅仅是身体上的准备，更是心态上的准备。有两种心态是不可取的，第一种就是任务心态，惠认为婚后性的目的就是生孩子，所以在怀孕之前，她对性生活的最大诉求就是赶紧让自己怀孕。这是亮所不知道的，亮对婚后性生活的看法和婚前无异，为了关系的亲密和彼此身心的快感。而惠只是想快点完成任务，这种将性和"KPI"（关键绩效指标）挂钩的心态，既让她无法享受性的快乐，也让她在怀孕后迅速失去了对性的兴趣和需求。第二种不可取的心态就是义务和责任心态，有些男性所谓的"交公粮"便是这种心态了。在我的来访者中，少有女性会特地将这个话题带进咨询中，更多的是她们在抱怨丈夫的时候顺带提起，她们责怪丈夫不够亲近、不够投入。只有当话题转向性生活的时候，她们才羞涩而又无奈地表示，丈夫应对性生活的方式太过程序化，让她们感觉到了疏远。要将情置于性之前，情既有爱情也有情绪，双方在心态上要调到两者俱佳的状态。当然，身体也要做好一定的准备。

要激情：两个人相处久了，容易让彼此的关系变得寡淡和无趣，最怕的就是生活的方方面面都会有这样的感觉，这种感觉和孤独感关系甚密。有很多研究都证明了性生活中的激情确实可以起到一定的缓解作用，能够让夫妻双方的关系有一定的改观。有些研究认为，性爱过程中的激情就像是星星之火，只要利用得当，原本已经荒凉的婚姻生活就会重新焕发光彩。但是，这样的激情到底要保持多久呢？有一项研究给出了这个问题的答案：性高潮后的激情同样重要。很多妻子抱怨自己的丈夫没有"后戏"，往往事后倒头就睡，这样会大大降低她们对性生活的满意程度。作为丈夫，你得明白女性的性唤起相对缓慢一些，女性在性生活中需要更多的

爱抚、拥抱、亲吻，甚至还需要合适的灯光；而这种性唤起的缓慢缘于她们情感的细腻，这就决定了她们激情消退的速度也会慢许多。在性爱的高潮后，女性还需要持续的激情。

不只顾自己：在性爱中，做到双方都满意是很重要的。男性在这方面往往对女性的需求后知后觉，容易陷入自我满足的状态。如果观察其他哺乳动物，我们会发现，交配时的雄性动物会迅速完成射精，这是因为在野外交配是非常危险的，它们的天敌会乘机偷袭，这些哺乳动物的性活动只有完成物种延续一个目的。男性作为雄性哺乳动物中的一员，已经脱离了唯一生物性目的的困境，在性生活中享受着身体的快感，更可能享受着控制和征服的心理快感，很容易掉入一个两性互动不良的困境中，也就是只在意自己的感受。一项研究调查了女性的性生活满意度，在一百个人中，只有个位数的女性曾经有过性高潮，很多女性从没有在和伴侣的性生活中感受过性高潮。诚然，这一方面有身体结构差异的原因，但另一方面也说明了男性在性方面的自私自利。性是最原始的两性表现，男性在性生活中只顾自己而忽视女性需求很容易让她们联想到生活中的种种被忽视的事情。这并不是说女性在性爱中就没有只追求自己快乐的倾向，这样的倾向当然存在。一位身体欠佳的来访者就抱怨自己的妻子在性方面的要求让他不堪重负，他无法满足妻子的需要，这让他感到挫败、自卑和不被理解。而这种感受也慢慢扩散到了婚姻中的每一个角落。正如上文所言，性是漫长历史中两性关系的开始，在性生活中的感受往往是生活的隐喻。

不追求结果：此处所谓的结果可以从两个方面来理解，第一个方面是生育，生育是性的天然结果。但是，在性生活中太过强调生育就会丧失很多乐趣。上文中已经陈述过了，这里我就不再赘述。我想强调的是第二个方面的结果，就是性高潮。确实，男性会更容易达到高潮，往往一场性爱是以男性的性高潮收尾的。我曾和一位性咨询师聊到这个问题，他的意见是，男性既然在性生活中占有"强势"地位，那么就更应该尽力让女性也尝到性高潮的快乐。这位同事可能太过强调性高潮作为一个结果对女性的重要性了，当然这样强调是没错的，但是，如果将这个作为性爱追求的目标，那么性爱就成了一个目的取向的任务。有研究对女性在性生活中的关注事项进行了调查，结果发现：比起最后的高潮体验，女性更在乎过程中的浪漫和缠绵。女性生来就不是功利主义者，而且她们情感细腻、敏感，在乎感受，这就决定了她们会把更多的精力放在体验过程而非追求结果上。这对男性来说可能并不容易，这需要男性在性爱中表现得更松弛。

不要暴露：性是极其私人的，是不允许无关的第三方存在的。有些夫妻常年和孩子睡在一个房间，所以在性生活中非常压抑，常不能尽可能地给彼此欢愉，也会对孩子造成一定的影响。我曾听到一个来访者这样叙述自己父母的关系，他小时候觉得父母是非常虚伪的，人前恩爱，人后打架，这一度给他造成了心理阴影，随着年岁的增长，他才慢慢意识到他的父母其实并不是在打架，那是他们恩爱的表现，但这让他更不能接受。归根到底，性的主体是性爱的双方，性爱的私密性既能保证双方的安全，也能创造只属于他们两个人的空间。性爱的好处就在于，在这个空间里，他们能够感受彼此，体验彼此的存在和这种存在对自己的重要性，这是其他活动所代替不了的。

"三要"和"三不"是保证性爱成为婚姻调节剂的基础，我相信不同的夫妻总能在这个基础上创造出属于他们的亲密生活，并且也能在这个过程中感受到性爱并不仅仅是肌肤之亲，更是两个灵魂以身体为媒介的沟通。我们在性爱中的体会是复杂的，也是天然和直接的，诚实地面对自己的欲望，并且在欲望得到满足的过程中充分地享受就变得十分重要。性爱是属于两个人的，但是也是属于自己的。当双方在性爱中全然交付自己的时候，彼此的感受也就有了共通的可能。

三、对性的表达是一种艺术

我们常把"饮食男女，人之大欲存焉"这句话挂在嘴边，好像我们真的能把性当作吃饭一样来对待，只将性看成基本的生理需求。然而，真实的状况是，我们如今的社会总体上仍然处于"谈性色变"的氛围中。表达自己的性需求并不是一件容易的事。我建议将性看成一种艺术，而不是某种技术。此处二者的区别是前者只有大概的轮廓，后者讲究技巧。而对性的表达没有所谓的技巧可言，双方能做的就是尽量真诚。

首先我们得对自己真诚。我们得知道自己是否有这个需求，这个需求又有多大。我们如何能够被激起，又如何能够被满足，性生活中让我们舒服的状态是怎样的，这些都需要我们自己去探索。

有一对夫妻因为性生活不和谐来找我咨询，这对夫妻想要生孩子，但是一直不能如愿。妻子很自责，觉得原因都在自己身上。丈夫安慰她，说自己也有责任。我一时不知道到底是怎么一回事，毕竟我只是一名心理咨询师，这么融洽的关系看上去不像是有很大问题。我后来发现主要问题出在妻子一方，她几乎不能进行正常的性生活，有时她的丈夫甚至不能碰她，否则她就会全身泛红。我们商议在这样的状况下，

先进行个人的咨询可能会有比较好的效果，所以我和这位妻子就开始了单独的咨询。这位妻子的父母从小对她要求非常严格，特别是在与性有关的问题上。她和我讲了一件往事，大概五六岁的时候，她骑跨在长条凳上，从凳子的一头滑到另一头，正巧她的母亲看到了这一幕，她的母亲非常生气，劈头盖脸地对她一顿羞辱，说她小小年纪就不知羞耻，是个"下贱胚子"。这是她关于性的第一个观点。虽然她自己也不清楚当时是因为性欲还是因为纯粹觉得有趣才在长条凳上滑来滑去，但是对于性的羞耻感已经挥之不去。在接下来的日子里，她都极端压抑自己对性的欲望，因为性的欲望一出现仿佛就伴随着一种沉重的羞耻感，久而久之，好像自己就不再有欲望了。这种情况让她在婚姻中没有办法和丈夫有正常的性生活，因为性的唤起对她来说不再是一件愉悦的事，反而是极为折磨人的。经过一段时间的咨询后，这位女士的这种状态才得以改善，她开始能够接受自己对性的需求了，并能够尝试在和丈夫发生性行为的同时去感受自己的身体。

另一位女性来访者有着不同的困扰。她因为自己不可控制地对他人（甚至对同性）产生性欲而来咨询。她坚称自己并不是同性恋，她对男性的欲望仍然占主流。我对她的性取向并没有异议，我想她只是被自己的性欲吓坏了。这种欲望有一部分是身体的，我相信应该有很大一部分来自本能的生理需求，但是另一部分确实来自和他人亲近的需求，当这种需求无法在一定程度上被理性地满足时，性欲可能是一种表现形式。正视自己的欲望是重要的，这是我们诚实面对自己内心需求的开始。

表达性需求，首先就是诚实地面对自己的身体和内心。其次，我们需要改变对性的一些认知。用传统的眼光来看，我们更愿意相信男性在性生活中很享受主导的地位，而女性必须顺从、温柔。但是，从科学的角度来看，这样的观念其实是错误的。有研究表明，如果剥夺了女性在性生活当中的主导权，其实会削弱她们性的欲望，降低她们的性唤醒，也很难使她们有性高潮；同样，对于男性来说，一直处于主导和控制的地位也会让他们失去某种兴奋感。其实，在性生活中，更重要的是双方私密的沟通和理解。我希望大家用一种更平等的立场去认识性。这种沟通本身就是提出自己对于性的需求和想象。平等的沟通也能让双方明确地知道彼此对性的期待。这是一种对对方的确认。

　　丽和明的婚姻生活总有一些不协调，丽觉得明太过强势，不考虑自己的感受，她抱怨自己在性生活中像个

"小透明"，没有发言权，明也不需要她的回应。明却有不同的感觉，明觉得丽太被动，这让他很彷徨，他不知道自己做得是否得体，因为得不到明确的回馈，他总觉得自己做得不够多。接下来发生的一件事改变了这一切。丽生病住院，明在医院照顾，因为特殊的原因医院只允许一个家属陪同，所以所有的重担全压在了明身上，这是两个人婚后第一次能一下子相处那么久的时间。有一天，明自作主张地买回来一些吃食，但丽不喜欢明买回来的食物，几天过去，丽还是有些恼，加上身体上的不适，便对明发了火。明觉得莫名其妙，但也不好发作，毕竟丽生着病，能忍就忍着吧。看着明这副模样，丽好像终于明白了，原来明也不是那么的强势，而且他窘迫的样子还有点可怜。此后，丽对明的态度越发自然，包括在性生活上，她慢慢地提出自己的想法，也开始享受性生活带来的快乐。明的想法和丽不同，他认为是自己无微不至的照顾让丽对他的爱越发多了，他将丽在性生活中的主动解释为一种爱的表现。

我们要理解，有时候用性表达自己是一种想要去接近对方的情绪和动机。我们愿意用性来加深彼此的关系，不仅是给予肉体的快感，也让心灵得到慰藉。无声的语言也在人类的交流过程当中扮演了非常重要的角色。有声的语言可以传达自己的性需求，无声的语言也同样可以。无声的语言并不只是我们的肢体动作，还有我们的表情和散发的气息。无声的语言比较抽象，但确实是重要的，性是私密的，说出口后总觉得缺了些什么，可能是对于需求的默契，两个人身心状态一致的时候，才能在性生活中获得更多快乐。曾有性学学者提出，最好的性高潮体验是男女一起到达高潮，对于我们人类而言，不谋而合、不期而至才会让人体会到更多的美妙。心理学家荣格提出过一个颇有影响力的概念：共时性。他认为世界上两个人之间的共振不能只解释为缘分，而是一种极有心理意义的"巧合"，共时性的发生是两个灵魂在彼此共有的空间内萦绕在一起的证明。

当然，还有一种名为信息素（也就是我们常说的"费洛蒙"）的物质在其中扮演着重要的作用。信息素虽然是无味的，但能被鼻腔中特有的结构"嗅"到，并且直接作用于大脑皮层，刺激我们的中枢神经，让我们兴奋。大脑在感知这一刺激的同时，会让我们感觉愉悦、积极，并让我们不由自主地对这一刺激的来源感到痴迷。

不过信息素并不会代替我们说话，我们还是要学会更精

准地表达。这时候语言的重要性就不言而喻了，相比无声的语言，口头语言是更直接的。长久以来，很多人是回避谈论性的，更不要说用语言表达自己的性需求。

亮就是典型的代表，他常常羞于向惠表达自己的性需求，他总觉得有些事不能直接说出口，说出口就显得廉价了，这种想法像是一个他自己制造的思维陷阱：如果不说，别人不会知道；如果说了，显得直白却低俗。时间久了，他也不知道该如何是好，言不达意的情况也时有发生，大多不欢而散。亮在婚姻中的孤独感有时也来源于此，他抱怨惠对他的需求不闻不问，也抱怨惠对他的爱大不如前。但是他依旧我行我素，像打哑谜一样地表达他的需要，甚至是他的爱。

除了性的需求外，我们还应该坦诚地去谈论我们的喜好和厌恶。甚至我们应该讨论性爱开始之前、过程中和结束之后的感受。

良好的关于性的沟通能够帮助我们避免一些误会，比如说，对方兴致很高，但是我们因为某些原因兴致索然，那么诚实的表达能够帮助减少不必要的误解。或者，当我们在性爱的过程中体会到了挫败感，也可以让对方知晓，寻求对方的慰藉和支持，而非自怨自艾，或者自暴自弃式地逃避。

我认为真诚地表达是很重要的，这样的表达其实并不是只谈论性本身，我们也在谈论我们的体验和感受。

第七章　开始和结束都是选择题

"我们稀里糊涂地开始在一起，却因为相互了解而分开。我应该更谨慎些，这样现在就不用如此无力了。但是那会儿我不了解她，也不了解自己。"

一、婚前的必修课：幻想并非现实

　　婚姻对个人有着不同的意义。因为不同的生长环境，我们会对婚姻有不一样的理解。多数时候，我们对婚姻的理解都是传统又现实的。在我们听过的婚姻故事中，最流行的版本就是组建家庭、抚育孩子。这当然是婚姻的重要意义，但是我们似乎又会对婚姻抱有一些期待和想象，如果这些期待和想象脱离了实际，那就是幻想了。人们对于婚姻是有投射的，这是我在工作中观察到的，也许会有一些偏差，但是这种投射的存在让我对婚姻始终保持警醒的态度。当然，我也听过美好的爱情故事，在那些故事中，婚姻是顺理成章的喜事，也是克服万难的胜利。但是，在本书中，也许我得多讲一些消极的东西，俗话说"丑话说在前"吧。

在我看来，对于婚姻的幻想有四个大类。

第一类是将婚姻看作拯救爱情的解药。我们常说"婚姻是爱情的坟墓"，是因为婚姻会让爱情变得不再纯粹，像极了亲情或是友情。无论如何，情还能贯穿始终。但是有一种情况则不是，当爱情面临严峻的挑战时，有些人将婚姻看成最后的救命稻草。人在坠崖的时候往往会无意识地去抓那个离自己最近的东西，这是一种求生欲的表现，也是一种绝望，除此之外没有任何可以挽救的途径了。这种就近原则体现在生活的方方面面，在爱情中，婚姻就成了悬崖上那块离我们最近的石头，而且这块石头看起来还如此巨大。当一对情侣的关系急转直下时，他们维持关系的举措中总有结婚这个选项。

第二类则是将婚姻看作逃出原生家庭的最佳途径。我们无法选择自己的原生家庭，但是我们可以选择自己的生活。这个理念毋庸置疑是正确的，我也会和我的来访者说类似的话。但是，若我们将婚姻看成一种逃出原生家庭的方法，那就本末倒置了。正确的逻辑是，我挣脱了原生家庭的枷锁，才能随

心所欲地选择一个合适的对象,并产生与之共度余生的打算。

　　琳来到离家很远的城市读大学,选择这个城市就是为了离开那个支离破碎的家。她的父母感情不和多年,按照他们的说辞,他们已经离过一次婚,为了琳又住在一起,而在同居的时候又意外怀孕了。为了把孩子生下来,又只好复婚,但是两个人仍然势如水火,矛盾无法调和。在琳的记忆中,父母轻则互相揶揄,重则拳脚相向。不快乐的家庭氛围让她从小抱定了要远离这个家的想法。琳在大学时认识了现在的丈夫欢。欢出生在城市中,父母感情甚笃,欢的家庭氛围是琳从没有体验过的,温馨和谐,其乐融融。

　　"我没那么爱他,但是我爱他的家庭,他的爸妈是那么好。"琳向咨询师叙述着她内心藏了多年的秘密。他们的婚姻最终还是出现了问题。

　　"你嫁给了他的家庭,而不是他这个人。"咨询师试着理解琳。

　　"是,你可以这样说,因为我想逃离我自己的家庭,当看到他们一家的时候,我看到了希望。我觉得这才是我想要的。"琳解释着自己。

现实中琳和欢组建的家庭出现了很大问题，琳的幻想破灭了，和欢生活在一起后，她才发现婚姻的开始并不是童话故事的结局，而是王子和公主落入人间的开始，各种琐事充斥在生活中，除了甜蜜的相处还有痛苦的挣扎。而琳对此没有一点准备，她逃出了原生家庭的牢笼，却又进了另一个牢笼。欢不理解琳的失望，只有琳自己知道到底发生了什么。琳孤独吗？那是肯定的。

原生家庭这个社会学概念在心理学的田野里开出了花。我们常常把人生的不幸归咎于原生家庭，这给了很多人一个错误信息，这一切都是"家"的问题。换一个"家"仿佛问题就迎刃而解了。抱着这样打算的朋友往往都会面临第二次不幸，也许换一个"家"能够改变人的经济状况或是阶级，但是抚平不了烙印在心里的创伤，也弥补不了爱的缺失。琳羡慕欢的家庭氛围，但是当他们自己组建了家庭后，一个新的"家"就诞生了，那个家既不是琳原来充满冲突的家庭，也不是欢父母的和谐快乐的家庭，而是需要他们两个人共同去建设的家庭。问题不是何种"家"，是如何经营这个"家"。

第三类则是幻想婚姻是自己最后的家庭或是社会责任。传宗接代的"使命感"在其中发挥了重要作用。虽然这样说免不了俗，但是这确实是一部分人结婚的重要原因，他们认

为这是他们的家庭或是社会责任。父母也许之前向他们许诺过，只要结婚生了孩子，他们以后就自由了。这一类幻想中，父母负有很大的责任，他们将自己成年的孩子当作自我的延伸，两个成年年轻人的婚姻变成了父母的事，他们告诉自己的成年孩子如何才是最好的选择，而这些成年人如同没有长大的儿童一样相信了父母，只要完成了"任务"，他们就还能活在父母的羽翼之下，不必再去面对社会。但是，最后他们往往会失望，婚姻绝对不会是一个成年人最后的家庭责任，也不会是最后一个社会责任。这种幻想不切实际，事实是当成年人步入婚姻后，他们开始承担更多的家庭和社会责任，这是一个开始而不是结束。

第四类幻想是将婚后的对方想象得太过刻板。得益于几十年来偶像剧的戏码太过深入人心，霸道总裁和贤内助的角色定位还是很有市场的。曾有一对年轻夫妻前来咨询，妻子抱怨丈夫像是没有长大，还和婚前一样沉迷在游戏中。丈夫则埋怨妻子还像个小姑娘，对家务避而远之。当被问到他们各自对彼此的期待时，丈夫首先抢话说自己可以负责赚钱养家，但是不期望妻子只负责貌美如花，他希望妻子能够承担更多的家务。妻子明显不悦，反呛道："难道游戏里也能赚到养家糊口的钱？"其实这对夫妻双方都有工作，并且收入稳定，他们的工作都不忙碌，家务也可以共同承担。但是，他们对对方在婚姻内的角色形成了刻板印象，埋怨对方没尽职尽责，也不能理解对方对自己的期待。他们在婚姻中既没有互相依赖，也没有互相涵容，他们也是孤独的。

好在，现在鲜有夫妻将婚姻后的生活想象成没有争吵和烦恼的童话生活。对于婚姻的谨慎态度反而让他们对婚后生活中的问题有一定的心理准备，不至于在问题发生时手足无措、绝望放弃。

二、结婚的动力

婚姻是一件很奇妙的事情，很多人想要结婚却遇不上一个合适的伴侣，另一些人畏惧婚姻却又阴差阳错地踏入婚姻的大门。如果硬要归纳总结一套如何才能结婚的理论，那这个理论一定是牵强的，其中并没有线性因果关系，所以才会有人把一切归结于上天注定、造化弄人。正如我在上文叙述的那样，婚姻背后有着人类历史、种族延续、现实考量和感情等多种因素。那么，对于我们个人来说，到底是怎样的动力驱使着我们步入婚姻的殿堂呢？我想通过两个不同层次来

解释这个问题。

首先是情感，现代社会中大多数人的婚姻应该是以情感为最重要的基础的。"愿得一人心，白首不分离"是很多人情感生活的终极目标。高效的网络让沟通变得没有空间的局限，便利的交通让见面变得简单可行。但是，城市生活让人和人之间越来越容易有隔阂，每个人都更能体会到自己就像一座孤岛，这就让情感变得更难能可贵。婚姻是情感笃深的证明，是官方的认证。这是婚姻的第一个层次。

黑格尔在他的著作《法哲学原理》中对爱情和家庭观有着丰富的叙述，这些叙述至今仍然能够将现代婚姻中爱情的重要性展现清楚："所谓爱，一般说来，就是意识到我和别一个人的统一，使我不专为自己而孤立起来；相反地，我只有抛弃我独立的存在，并且知道自己是同别一个人以及别一个人同自己之间的统一，才获得我的自我意识。"在黑格尔看来，爱是婚姻的首要原则，家庭"以爱为其规定"。爱是意志实现自由的途径，在爱中，爱的双方把自己的独有的特性否定，将自己全部融入另一个人的意识之中，为了爱，抛开独立自持的心，舍弃自己的主观任性，这样的爱充斥着对自我的舍弃和牺牲。爱有两个环节，第一个环节是"我不欲成为独立的、孤单的人，我如果是这样的人，就会觉得自己残缺不全"。第二个环节是"我在别一个人身上找到了自己，即获得了他人对自己的承认"。爱基于情感，一种愿意将自己全身心投入与另一个人关系中的情感。就像我们之前提到的《会饮篇》中的描述，男女是受到神的打压被一分为二的，因为爱情而融合才能成为一个强大的整体。

驱使着我们步入婚姻的第二层动力则是对快乐和幸福的追求。这里的快乐不是简单的感官的快乐，人的内心需要摆脱低级的趣味才能感受更多的富足。被爱和被接纳是一切的开始，却不是最终的目标。当我们开始觉察自己的内心世界，承担起自己的幸福和不幸的责任，对我们各自的经历和现实的体验有所觉察，不被发生在想象和过往中的悲伤所困扰，我们也许才能获得幸福。心理学家荣格将婚姻看作自性化的过程，而获得幸福也正需要自性化的加持。荣格的理论庞大而复杂，所以我想通过一个例子来把这个过程表达清楚。

涵出生在单亲家庭，父亲婚内出轨导致了家庭的破裂。涵自己组建家庭已经近二十年，最近一段时间她怀疑丈夫有外遇，为此寝食难安，她害怕父母的悲剧会在自己的身上重演。涵的注意力全在丈夫身上，这也让她的丈夫感到窒息。在咨询中，涵讲述了自己原生家庭中

的故事，随着故事的深入，涵突然意识到了一点，自己读初中时，父亲出轨了，她回想起当时是因为母亲太关注自己的学业而使父亲受到了冷落，她为此一直很自责。但是同时，她和母亲一样不信任男性，认为男性都是"用下半身思考的"。所以她关注着丈夫的一举一动，丈夫身上有任何蛛丝马迹都逃不过她的眼睛。她说自己在和当年母亲同样的年纪中，活成了母亲的另一个版本。当年她母亲对一切都后知后觉，而她现在关注着丈夫，对他的一切了如指掌。这让他们夫妻两人都非常痛苦，她决定和丈夫好好地谈一次。她问丈夫为什么好像对自己不怎么上心，仿佛吃定了自己。丈夫的回答让她有点自找没趣，他说这样的涵应该是极度在乎他的吧，所以他一点都不担心。涵对丈夫不忠于自己的幻想似乎被戳中了要害，是自己太在乎丈夫吗？好像是的，又好像不仅如此。也许还有自己的遗憾和内心那个想要控制一切、掌握一切的冲动在作祟吧。

我们最终是需要和自己和解的，对过去不再执着，对自己不再纠结，这也许就是走过一个自性化的过程，我们成为自己，而不是别人塑造的样子。黑格尔强调我们必须牺牲自主性来换取爱情和家庭，而荣格则认为我们以家庭为媒介找到自己、活出自己。这两个层次看似是矛盾的，其实归根结底这是两个不同心境所导致的吧。爱情让我们顺理成章地拥有了婚姻，而对幸福的追求也会让我们向往婚姻。只要我们秉持初心，这又是两个殊途同归的层次，最终我们都会拥有婚姻，并且在婚姻中成全自己和他人。

如果你正在婚姻生活的门口犹豫，以下十个问题也许能够帮助你。

1. 你会怎么形容婚姻关系？

2. 你的另一半又会怎么说？你们有共识吗？

3. 婚后你会获得怎样的快乐？这是你婚前所获得不了的吗？

4. 你的配偶是个怎样的人？说说他／她身上的闪光点吧。

5. 你会做些什么来让你们的生活更美好？

6. 你们的关系中有什么脆弱之处？你会做些什么来改进？

7. 你最不能接受的婚姻问题是什么？如果真的发生了你会怎么办？

8. 你的另一半会怎么形容你？你满意这样的形容吗？

9. 你是否准备好为了维持婚姻关系而牺牲？牺牲的底线是什么？

10. 你确定这是你想要的婚姻吗？

三、悲剧的信号

常识告诉我们，"公主和王子永远幸福地生活在一起"只会发生在童话故事中，人生不如意事十有八九，婚姻的不如意也时时发生，并无例外。有时候，我们经历了种种挣扎和无奈，拼尽全力，最后也不一定会有好的结果。有时候，评估我们自己的婚姻是否已经陷入危险的境地是一件复杂的工作。

莱斯莉·巴克斯特提出了八条亲密关系准则，如果我们违背了这些准则，我们的伴侣就可能会离我们而去，那么这些准则到底是什么？

第一是自主，允许你的伴侣拥有自己的生活，不要有太强的占有欲或者过多干涉他。人之所以是人，很重要的原因在于我们有着自主意识，这是我们和人工智能的区别。我们不需要指令就能启动我们的思维。很多时候，我们的想法、愿望、思考、行为是由主观意识决定的，甚至是自然而然产生的。好莱坞有一部名为《机械姬》的电影，讲的是人工智能机器人有了自主意识之后开始反抗人类的指令，甚至在最后消灭了人类主人。在电影中，那个机器人最终融入了人类社会，无差别地生活在人类中间。这是机器人获得自主意识的结果。虽然我们作为人类不会单纯因为自主意识被控制和压抑而轻易地诉诸暴力，但是我们如果像机器人一样被另一个人操控，那么同样会反抗。一位朋友向我诉说她分手的原因，她的前男友会在她没有及时回复信息或者电话时不停地给她发消息或打电话。她说一开始那种感觉很好，像是被另一个人急迫地需要，这种感觉让她受宠若惊。但是时间久了，这种感觉就变了，她觉得她快要没有自己的生活了，她必须时时刻刻战战兢兢地守着手机，她说她变成了前男友的专属应答机，连接线员都称不上，因为接线员还有假期。

第二是相似，你和伴侣之间有相似的人生态度、价值观和兴趣，如果可以的话，尽量不要有太大的差异。我们常说物以类聚、人以群分，相似的人往往有更多的共同语言。相

似是人与人之间建立联系的一种形式，另一种形式则是互补性，就好像阴阳一样，能够融合在一起，形成完整的太极图案。但是，极端的相反会将两个人之间的距离迅速地拉远。

第三是支持，当你的伴侣在生活或者工作中遇到一些困难时，你需要认同他，帮助他提升自我价值感。这种支持在婚姻中尤为重要。导演李安曾有六年时间没有正式的工作，那段时间他的夫人仍然对他支持有加，给他足够的时间与空间去创作。伴侣间的支持往往是直接而强烈的。当然这种支持并不是没有缘由的，我们自己想要获得支持也需要付出努力，让对方看得到希望。

第四是开放，这在我们的书中已经被反复提及。真实地表达自己，对于出现在你和伴侣间的问题千万不要闭口不谈。

第五是忠贞，在身体和心灵上都忠实于你的伴侣。这是婚姻中最重要，也是最基本的元素。

第六是共处，两个人需要拥有较多在一起的时间，拥有相似的作息时间就变得尤为重要。

第七是公平，不要去剥削你的伴侣，不要去利用他达成自己的目的。我曾表达过，婚姻中有一部分是世俗的。某种程度上，婚姻的本质有很强的经济性。在很多婚姻故事中，悲剧往往是经济上的剥削造成的。当然，也有一些悲剧是情感上的剥削造成的。情感剥削和彼此提供的情绪价值和情感体验有关，简单来说就是这两者极端不对等，一方索求至甚而吝于给予，往往导致另一方心力交瘁。

第八是魔力，要时刻保持浪漫，时不时地有小惊喜，这是婚后的伴侣最难做到的。可惜的是，似乎婚后的大多数情侣都被生活磨平了棱角，也被生活浇灭了激情的火焰。婚姻生活中的浪漫往往求之不得。

> 杰被他的家人强烈要求进行心理咨询，这是因为他将家中的存款全部投入股票市场，资金被金融市场吞噬，杰血本无归。他的父母非常着急，四处求助，最后把他送到了我的咨询室。一个三十多岁的男性在投资失败后如此平静，让我印象深刻。杰对于自己一意孤行的解释和很多投资失败的人的解释如出一辙：为了改善生活。我完全理解他的初衷，也理解在物欲横流的社会中这种孤注一掷并不罕见。但我不能理解杰的平静，杰回答我说，他起初很害怕，但是看到妻子毫无反应后瞬间觉得自己的内疚一文不值。在我的鼓励下，杰将这些告诉了妻子，而他的妻子并没有愤怒地责怪他把家中的钱败得一干二净，反而告诉杰她害怕的并不是钱没有了，只是

对杰做出投资行为之前自己一无所知感到生气。杰顺势袒露出他总觉得自己作为男性应该给妻子更好生活的愿望，并对投资的失败悔恨不已。当晚杰哭得像个犯了错的孩子。第二天，杰的妻子出乎意料地做了杰爱吃的菜。

杰向我说他觉得这是妻子给他的鼓励，也是妻子的浪漫。我想杰的妻子教会了我，浪漫不仅是不期而至的惊喜、锦上添花的多彩，还是雪中送炭的温情。

婚姻不同于恋爱，夫妻双方在婚姻中承担了更多的责任和义务，而其中有很多都和社会经济因素相关；一些家庭有了下一代，对孩子的养育也占了夫妻责任的很大一方面。讨论不健康的或者让人痛苦的婚姻关系如何收场往往是艰难的。有很多专家对这个话题进行了研究和探索。而我对这个议题持中立态度。在决定婚姻的未来方向时，我们首先需要评估双方对于婚姻生活的满意度是否匹配。

一般分三种情况。第一种就是双方都满意，这是一种不错的情况。第二种是双方都不满意。这两种情况虽然都是匹配的，结果和感受却大相径庭。在第二种情况下，夫妻双方往往会对婚姻的前景抱有悲观的预期。而第三种状况就是一方满意而另一方不满意，这样的状况其实才是最危险的，双方缺少对婚姻状况统一的看法，在行为和意识上就很难达成一致；而且这就意味着满意的一方也许沉醉在自己的"粉红色泡泡"中，忽视了对方的感觉。

对于婚姻满意度的评估主要从以下几个方面进行：婚姻中的互动、与伴侣的相似性（生活习惯、态度、价值观）、性生活的协调性。我曾在一个讲座中提过评估的这些要点，有一位听众非常好奇地问我，这三者之间是否存在一定的比例。我的回答是"因人而异"。婚姻的状况各不相同，并且社会学家也同意，随着社会的发展，婚姻的形态也越发复杂，我们似乎已经没有办法用一个量化的指标对每个人的婚姻满意度进行评估。这也是我强调双方对婚姻满意度相匹配的原因，夫妻本是不同的个体，他们也许都觉得满意，但是满意之处并不一定相同。

首先，我们需要注意原生家庭对通过婚姻组成的新生家庭的影响。原生家庭和新生家庭属于社会学概念，本身不具有好坏的含义。有些人认为我们必须摆脱原生家庭才能拥有独立的人格或者幸福的新的家庭生活。这样的观点是片面的，准确地说，我们需要摆脱的不是原生家庭，而是觉察并克服那些影响着我们的消极因素。

妻子："你在干什么？别躺着了，快把衣服收起来。"

外面开始刮起了风，显然接下来要下一场大雨。妻子正巧下班回家，看见早已到家的丈夫躺在沙发上无动于衷，一股无名的怒火开始燃烧起来。

丈夫："哦，马上。"

虽然嘴上说着"马上"，但是他几分钟之后才不慌不忙地起身，慢悠悠地走向阳台。

三天后，夫妻俩到丈夫的父母家（丈夫的原生家庭）吃饭。刚进门，丈夫的母亲就一脸宠溺地看着她的儿子："怎么都瘦了呀？工作累了吧？没有吃好吧？"

丈夫："没瘦啊，这才几天，怎么会瘦。"

然后丈夫自顾自地进门，斜躺在沙发上。妻子和公婆寒暄几句后进了门，看着厨房里忙碌的公婆，妻子自觉不好意思，便要去帮忙。她戳了一下丈夫，小声说："我们去看看要不要帮忙吧。"

丈夫叹了口气，拖着沉重的步伐走到厨房门口，倚着厨房门问："妈，要不要帮忙……哦，不要啊。那我走了。"然后转头看向妻子："他们不要我帮忙。"丈夫没有等妻子反应，快步走向沙发，继续斜躺着玩起了手机。而妻子则一脸无奈地走进了厨房。

这是一个所谓"妈宝男"的日常,他在新生家庭中和原生家庭中都有一个同样的问题,就是对家务漫不经心。在他的原生家庭中,他得到了无微不至的照顾,衣来伸手,饭来张口。而在新组建的家庭中,虽然他必须要去承担某些责任,但他做得不那么情愿,被动且低效,他是带着原生家庭中那个被照顾者的身份进入婚姻中的。

上述案例中的妻子告诉我,恋爱的甜蜜毕竟是短暂相处中的"火树银花",而婚姻生活让她感觉自己像是一个带着孩子的单亲母亲,她辛苦又孤独。妻子的这种感觉正是因为丈夫将原生家庭中他作为儿子与父母的相处模式带入了自己的新生家庭中,而这种方式使得丈夫的新生家庭与自己的原生家庭极为相似。丈夫还是那个永恒的被照顾者,只是照顾者从母亲变成了妻子。

这种原生家庭对新组建家庭的影响还有很多,而且往往在一种当事人不自知的情况下发生,长此以往情况就会变得糟糕。这位妻子在家中常常无缘无故地生气,起初她认为是自己原生家庭带给她的创伤,让她逆来顺受、压抑痛苦。但是渐渐地,她发现原来他们夫妻俩都带着那些原生家庭中的消极因素进入了这个新的家庭。是的,我们每个人都会带着原生家庭的影子到自己组建的家庭中,有好的部分,也有坏

的部分。我们需要做的是觉察那些消极的因素，将那些坏的部分挑出来，并且评估它们是否可以被改变。

另外，我们需要评估我们共处时的质量。有人说，两个人过日子，要看能不能够聊到一起、玩到一起、吃到一起、睡到一起。这四个"一起"就是共处的质量。共处质量高的夫妻有共同的话题，并且有沟通的欲望，提供给彼此情绪价值；有类似的爱好，能够一起娱乐；有相似的饮食习惯，不必为每顿饭吃什么而发愁；有和谐的晚间生活，这并不仅是指性生活，还包括夫妻双方能否忍受彼此睡眠时的状态，毕竟有人会打呼噜，有人会习惯性地抢被子。通常来说，我们共处时间越长，就越能将双方对彼此差异的体验阈值提高。另外，长时间的相处本身也是一种习惯，安于现状，按照习惯的节奏生活本身就是人类为了稳定的生存环境所做的生物性选择。曾有人观察发现，离婚的夫妻中以结婚二十年左右的居多。因为这个时候孩子已成年，刚结束了他们人生前二十年中最重要的高考，父母认为可以不用再对孩子有所顾忌，可以按自己的心意来决定自己的婚姻了。

我们还需要注意那些与婚姻相关的法律条文、彼此忠贞和社会经济等因素对婚姻的冲击。回到本书的主题——孤独感中，这些因素都会造成我们在婚姻中的孤独感，我们需要将此当作一种警报。我曾在养老院中听到一位老人回顾自己的婚姻，他的妻子已经先他离去。

他们在 20 世纪 50 年代结婚。因为工作的原因，他曾经有数十年时间与妻子两地分居，此期间他们聚少离多，只能通过信件联系彼此，信中的慰问和思念需要花上一周时间才能送达。他们长时间忍受着别样的孤独之苦和相思之苦。他们都曾对这样的婚姻状态感到绝望，也想过用极端的方式结束这样的关系。但是最后他们还是坚持了下来，终于等来了柳暗花明的那一天。他认为他们的婚姻在当时能维持下去，最重要的就是彼此的忠诚、对自己初心的坚持和逆境中的坚韧。这其实是很多走过痛苦旅程的夫妻的共同特征，无论身处哪个年代，婚姻的维持必定不是一件容易的事。孤独伴随着婚姻出现在成年人的世界中并不是稀奇事，我们作为婚姻生活的主体，很少有人能够穿越自身的局限和现状，看透婚姻的本质，到达所谓的彼岸。我们可以做的可能就是穿越孤独的"烽火线"，踏踏实实地站在婚姻生活的此岸，并且带着那些爱恨、揣着那些遗憾。

四、永远都存在的现实顾虑

一直以来，有一个说法：恋爱是两个人的事，婚姻是两个家庭的事。这句话经常被拿来讨论，有人赞成，有人反对。但是在我看来，情况往往复杂得多，我们身处社会中，个人的婚姻不仅是家庭中的重要事务，也是个人所处环境的焦点。特别是在信息传播快速的现代社会中，个人容易被淹没在周围的舆论和无形的压力中，如果是幸福的婚姻，我们可能会得到更多的羡慕，如果是不幸的婚姻，我们会受到更多社会压力、外部评价和自己内心道德感的冲击。

我们现在面临着一些很现实的问题，家庭结构不再像从前那般稳定，人们的观念正在急剧变化。但是，考虑结束一段婚姻仍然需要花费非常多的精力和时间。

毋庸置疑的是，即使身处绝望的境地时，大多数人仍然会犹豫，仿佛总有很多力量拉着我们，不让我们做出决定，这些力量往往来自无处不在的现实顾虑。

一个现实顾虑是，随着网络越来越普及，婚姻失败对我们个人的影响会越来越大。尤其是生活在城市中的人们，作为夫妻这一整体和他人形成各种各样的人际关系变成了一种常态。在这样的社交圈中，并非所有人都对离婚抱有开放式的态度。有一个调查发现，在离婚的头一年，人们会失去大约一半的社交圈子。

蕾曾考虑结束与丈夫的关系，在家中感觉不到爱的存在，孤独感就像慢性病一样困扰着她。她把这些想法告诉了自己的朋友。原以为她的朋友们都会支持她，出乎意料的是，她最好的几个朋友都郑重其事地让她再三考虑。虽然她对自己的婚姻仍然抱着最后的希望，但是这样的回应还是让她吃惊。蕾是一名在事业上颇有建树的女性，理性的思考是她的思维习惯。冷静下来后，她努力复盘那些反对者的理由。首先，她的朋友是真心为她考虑的，虽然蕾的事业和她丈夫的工作并没有交集，但是在蕾开创事业之初，丈夫的家人和朋友们曾经多次帮助她，可以说比起单个的个体，人们更愿意把他们当成一个整体。其次，蕾的丈夫是公认的好男人，家中的大小事都是他一手包办，蕾如果忽然决定结束婚姻，不知道周围舆论会作何反应。

确实如此，网络科技不断发展，信息传播的速度呈几何式增长，让各种谣言有了温床。蕾认同朋友的顾虑，她想起单位里的同事讨论"八卦"时的热情，她不想成为别人话题

的中心。蕾开始意识到，结束婚姻的想法似乎是幼稚的、欠考虑的、操之过急的，他们远没有到那一步，他们仍然有回旋的余地。

另外一个现实顾虑是财产分割和抚养权的分配。近年来对婚姻相关法律的讨论越发热烈，每个人都能从自己的角度来对法律的合理性做出解释。从这一点可以看出，人们可以有很多不同的立场，社会变得多元，也开始变得复杂。婚姻存续期间的财产、债务、孩子的抚养等问题千头万绪，人们开始越发谨慎地思考婚姻。

在工作中，我听过很多不愉快的婚姻故事。这些故事中的大多数人仍然坚守着自己的婚姻。他们给我的理由又出奇地一致，就是为了孩子。有时候他们会这样说，如果不是因为有孩子，他们早就会选择结束自己的婚姻。我想你们也听过相似的故事，或者正在婚姻中举步维艰的孤独的你也曾经有过这样的想法。可是，这种顾虑真的是为了孩子吗？在这种家庭中的孩子的状态往往是令人十分担忧的。这并不是说他们都会有层出不穷的问题，只是他们出现问题的比例往往会高很多。

在这样的家庭中，孩子变成了家庭风暴的中心，他们慢慢地就会得到一个信息：如果不是因为我，爸爸妈妈可能会幸福很多，我是他们的累赘。父母往往小看了孩子对周围事物的感知能力，孩子往往脆弱、敏感，而又不善言辞、无法表达，我们认为他们不知道的事，往往是他们藏在内心的痛苦之源。

在这样的家庭中，夫妻双方往往用极端的方式对待孩子：要么是过度地关注，把所有的注意力都放在孩子身上，这样就能忘了另一个人的存在；要么他们一边说着为了孩子，另一边极其严苛地对待孩子，把自己的期待和希望全部都灌注在孩子身上，似乎孩子能够替他们经历一遍不同而自由的人生。

当然还有一种可能，那就是完全忽略这个孩子。不再爱了的夫妻不愿在家中多待一分钟，他们拼命找理由往外走，因为这样才能让他们短暂地忘记痛苦。

蕾的孩子已经上大学了，当她回顾自己在孩子高中三年的表现时，感觉后悔不已。蕾在事业上的成就正是这三年取得的，她努力地工作，很少顾及家庭。家中的长辈不断提醒她关注儿子的状况，她都无动于衷。在那个时候，有非常好的理由去解释她为什么放下家庭的责任、全身心地投入事业：顾家的丈夫、自觉的孩子，还有难得的市场黄金期。但是，当她回顾自己的心路历程

时，另一个答案似乎浮上了水面：在家庭中的孤独感。
她回忆到，有一天她很早地回到家中，孩子和丈夫正好
在吃饭，她坐下后发现没有她的碗筷，她看了眼丈夫，丈
夫愣了一下才意识到怎么回事，一边去拿碗筷，一边尴尬
地说"习惯了，习惯了"。她感到特别难受，似乎家中没
有了她的位置，她搞不清是她先动念离开了家，还是这个
家先让她孤独难过，而结果就是如此，她不愿再在家中
多待，丈夫的心思和精力全在孩子身上，原先投注在她
身上的爱变得少之又少。而她只能将自己的注意力转向
事业，就这样形成了恶性循环。她回顾着自己离开家庭
的过程，分析着那不被看到的另一面，似乎在忏悔自己
没有好好对孩子，但又在为自己行为的合理性辩护。

这是很可悲的一个现象，没有人在这样的婚姻中获益。
蕾后悔自己在孩子的成长中缺席，她担心这样的行为会带来
什么后果。我必须澄清我的观点，我对于夫妻双方离不离婚
保持一个中立的态度。

即便一对夫妻在婚姻中过得很不开心，以亲密关系准则
来说，他们几乎打破了所有的准则，但不管最终他们做出什
么样的选择，我都不会肆意评判，因为每个人的选择都有他

的理由。可是，我仍然坚持不要把孩子作为你选择婚姻前途的核心原因，这对孩子是不公平的。

有一项研究显示，那些选择婚姻存续的夫妻，如果他们的感情非常不好，那么他们孩子的主观幸福感比离婚家庭孩子的主观幸福感还要低。

这样的结果给了我们启示，美满的婚姻令人向往，但是糟糕的相处往往比平和分手更具破坏力。对于夫妻双方来说，将注意力收回到夫妻生活本身，也许才是做决定的前提。

蕾一开始告诉我，她对丈夫的感受并不关心，直到有一天，她说了另一个故事。孩子上大学后，她曾想和丈夫改善关系，他们试过寻找年轻时的激情，也认真地谈心沟通，但是总有缺了点什么的感觉。我解释说，这就像是重新接起的电话线，端口可能生锈了，所以有了杂音。这个故事便是关于杂音的：有一天他们去超市买菜，售货员非常热情地向他们推销某个新品牌的产品，她对这个产品很有兴趣，但是她的丈夫兴趣索然，不过即便如此，丈夫还是站在一边，一声不吭，正如他一贯做的那样。但是，这时候一个声音从她的内心传来："你看他不耐烦了。"这个声音像诅咒一样瞬间炸裂了她的

大脑。她立马中断了和售货员的谈话，推着购物车心不在焉地往前走去，她思考着这个声音来自哪里。很明显她知道，那个声音就是我们谈到的杂音。长久以来，这个声音出现在她的生活里，提醒着她，对丈夫来说她并不重要，她生了孩子，完成了任务，就不再重要了。这个声音来自她的成长经历，来自她的母亲，也许是父亲，但不是她的丈夫。只是可惜的是，丈夫在不知情的情况下成了蕾内心戏码中预定的那个男主角的样子，一个对孩子关心、对妻子冷漠的丈夫形象，一个在外用好丈夫人设虚伪地掩饰自己的冷漠的形象。如果蕾把这些告诉丈夫，他一定会很抓狂，极力否定自己是那么虚伪和无情。蕾知道他们俩在无意间演了一出悲剧，而现在是时候终结了，她不想再听到那个杂音。

五、我们始终要和自己相处

在心理健康领域，有一个概念备受关注，即存在主义危机。存在主义危机包括孤独感、死亡、自由等终极议题，这样的危机时刻会发生在我们的生活中，我们当然能感受到生命的流动，也会怀疑自己存在的现实或是意义。婚内的孤独当然也是一种存在主义危机，让我们对自己产生某种怀疑，不同的是这样的危机发生在婚姻生活中，我们会把这样的危机归咎于我们的婚姻。但是，无论以何种形式出现，存在主义危机都让我们重新思考自己的人生，从而在这样的危机中得到成长和升华。

孤独感是一次难得的与自己相处的机会，虽然这样说听起来有点像"阿Q"，不过这并不是简单的自我安慰。曾有哲学家努力地想将孤独感和孤单的感觉做出区分，他们认为孤独感是一种高级的情绪体验，这种高级感便来自我们的内省。毕竟人生的富足有一部分并不来自人际关系，而来自自得其乐。孤单的人自怨自艾，孤独的人却能够孤芳自赏。

如果按照这样的理解，那也许我们大多数人都是孤单的，而不是孤独的，我们既不高级，也无法自我满足，获取快乐。以我的理解，孤单和孤独并不是非此即彼的关系。在我看来，孤独和孤单是一样的，我们承受着某种痛苦；但二者又是不一样的，在痛苦之余，我们带着对自己的理解。

我们理解自己吗？大多数时候，我们可能只是凭着感觉在情感世界中游走吧。我相信这本书的读者不是那种会在婚

姻中算计的人，所以我坚信大家体会的婚姻中的孤独感大多来自情感世界中的不满足或是缺失，是非物质的。如果是如此，我想我们也许不太了解为何是我们体会到了这种孤独感，而非他人。正如蕾，当她"听到"心里的杂音时，她在自己的婚姻中如行尸走肉般时日已久。蕾总结了自己的心路历程，一共分为四步。

首先是经历痛苦。蕾的痛苦来自许多年前，有多久她自己也不记得，也许是她决定把人生的重心放在事业上的那年，不过她也不记得那是哪一年，她记得丈夫天天围着孩子转，丈夫的眼中既没有了工作也没有了蕾。亮同样经历了痛苦，性别不同的两人都感觉到了伴侣对自己的忽视。不同的是，蕾选择放弃挽救的机会，亮在不停地争取，希望重新获得爱和关注。

第二步是理解痛苦。共情自己是很难的。希腊神话中有一个人物叫那喀索斯，他生来英俊，有一天，受到惩罚的他爱上了自己在水中的倒影，日日欣赏自己无比英俊的脸庞，却爱而不得，最终憔悴而死。我们能够知道自己的优点，却往往不愿理解痛苦，如对水中倒影求爱的那喀索斯，他无法理解如他般英俊之人为何会爱而不得，他更无法忍受这样的失落和痛苦。痛苦的成因往往复杂，蕾有着她的人生故事，若不是不经意间的联想，她无法将自己在婚姻中的体会与自己的经历联系起来。心理学中有个概念叫作移情，我们认为移情是一种"错误"的情感，发生在"错误"的时间，指向"错误"的对象。这种所谓的"错误"并不是一种评价和指责，而是一种对于现象的解释，转移的情感往往有着更原始的对象和记忆中挥之不去的种种。蕾的丈夫成了蕾在婚姻中移情的对象，蕾对他是失望的，哪怕他并没有做什么出格的事。亮则是一个害怕孤独的孩子，他对惠也是失望的，因为惠让他感觉到了孤独。移情有着时有时无的现实基础，但是内心的感受并不因此而转移。将坏的情绪指向那些现实中亲近的对象往往容易很多，这样我们就不必去面对记忆中那些让我们无可奈何的人了。

第三步是正视自己的需要。我们需要面对自己，不仅是在情感上共情自己，也需要正视自己的需要和欲望。可能在很多人看来，自己有需要和有欲望是一件羞耻的事，"无欲则刚"的名言对我们来说深入骨髓。也许我们需要重新认识一下，人的需要或欲望正是我们彼此联结的前提。在婚姻中的这种需要并不关乎金钱或肉体，而是两个人彼此的融合。蕾曾经将性看作她与丈夫关系的调和剂，将性看作两个人重新联结的方式，但是收效甚微。蕾并没有错，她只是误解了自己和丈夫对于性的需要，片面地体验了这种需要，认为这

只是身体的欲望。当无法正视自己的需要时，我们就会粗浅地去理解这种需要。而人与人之间的融合是情感的、非物质的、摸不到的、虚无的，这种需要常被人们认为是脆弱的需要。你会对这种需要感到可耻吗？蕾开始正视这部分需要，她需要的是可靠、安全、亲密的关系，是和丈夫之间的关系，这种需要的本质是和另一个人在内心深处的联结。在婚姻中不再感觉自己孤军奋战，在人生的旅途中不再独自前行。

第四步是接受自己的局限。亮是一个脆弱的人，他在他人面前虚张声势，掩饰自己内心的孱弱；他害怕孤独，无法独自生活；在原生家庭中，他是少有反抗的好孩子，他躲避与任何人的冲突；在和惠的关系中，他无法坚决，常常退缩，但又心有不甘，无法平衡自己与惠之间的关系。婚姻生活本身就无法一帆风顺，总有千头万绪的事困扰着他们，而孩子的出生更是把这些隐藏起来的疏远感放大了。这时候他才慢慢发现，自己陷入了一种孤独的境地，他在婚姻中进退失据，并非像想象中那样能够八面玲珑。事实上，在生活中，他一直害怕冲突，总是扮演优秀又大度的人，在婚姻中尤其如此，也许是出于对惠的关心和爱护，也许是因为亮对孤独和被抛弃的恐惧。这是亮性格上的局限，也是亮在关系中的局限。我们并非完人，总有我们处理不了或者处理不好的情绪、感受，抑或是关系。亮是幸运的，惠能理解他、接纳他。只是我们有时候仍然会面对不幸的结局，也许这就是身为人最大的局限吧。

我们始终是要与自己相处的，婚姻中的孤独感给了我们一次检视自己的机会，使我们可以更认真地看待自己的内心世界。我们常常对自己发出疑问：我们幸福吗？我们对自己的现状满意吗？如果在婚姻当中找不到自己、看不见自己，对自己的状况一无所知，那么我们又以什么身份和另一个人联结，去知晓他、感知他的存在呢？

有一部美国电影叫《鸟人》，当年也是获奖无数。故事并不复杂，故事的男主角是一个过气的中年演员，曾经在好莱坞有一部代表作《鸟人》，但是中年之后事业低落、离异、女儿逆反，他过得并不如意。男主角自编自导自演了卡佛的短篇小说《当我们谈论爱情时我们在谈论什么》，企图用这部严肃的百老汇作品摆脱那个曾经带给他名利，同时也禁锢他的好莱坞形象——鸟人，并借此走出人生的困局。这部舞台剧就成为他摆脱中年危机的方案，但是对自我实现、自我认知的迷茫和挣扎一直围绕在他身边。

这部电影收获了不同的解读，有专业的电影解读，也有心理病理学的解读。但在我看来，这部电影就是在讲述一个孤独

的人不停寻找自己到底是谁，到底应该以何种面目出现在人群当中的故事。在这部电影中，男主角失败了，失败的原因有很多，如果我们可以从中学到什么，那就是不要试着在别人面前定义自己，而是先认识自己。电影的男主角试图让别人看到自己、定义自己，而他却在这个过程中逐渐迷失。

让我们回到存在主义危机的话题上，找到自己的存在也许才是解决这场危机的良方。在婚姻中认清自己、接纳自己、找到自己的价值，而不是寻求另一半或是其他人的肯定和赞赏。西方有一个心理治疗的方法叫作接纳与承诺疗法，其中有一个治疗方式为"墓志铭法"，也就是让来访者写下自己的墓志铭，以此为方向鼓励来访者投身到工作和生活中，寻找和实现自己的价值。当面临婚姻的困局时，我们也该以这种终极议题的思考方式去面对自己的婚姻，也许我们还有什么是可以做的，又有什么是做不到的，这样才能在一切尘埃落定时不至于抱有遗憾。

每个人都会经历孤独，但它只是一种状态，它占据我们的时间或长或短，对我们的伤害或严重或轻微。因为是一种状态，所以它总会过去的。不过你应该是自由的，你有改变的决心，你有选择的可能，你就能跳脱出这个状态，当然这并不容易。